了不起的中国工业

卢克文◎著

九州出版社
JIUZHOUPRESS

图书在版编目（CIP）数据

了不起的中国工业 / 卢克文著 . -- 北京：九州出版社，2023.6（2023.7 重印）

ISBN 978-7-5225-1881-7

Ⅰ . ①了… Ⅱ . ①卢… Ⅲ . ①工业发展－研究－中国－现代 Ⅳ . ① F424

中国国家本馆 CIP 数据核字（2023）第 101594 号

了不起的中国工业

作 者	卢克文 著	
责任编辑	肖润楷	
出版发行	九州出版社	
地 址	北京市西城区阜外大街甲 35 号（100037）	
发行电话	（010）68992190/3/5/6	
网 址	www.jiuzhoupress.com	
印 刷	北京盛通印刷股份有限公司	
开 本	880mm×1230mm 1/32	
印 张	10	
字 数	96 千字	
版 次	2023 年 7 月第 1 版	
印 次	2023 年 7 月第 2 次印刷	
书 号	ISBN 978-7-5225-1881-7	
定 价	68.00 元	

目 录

第一章　电力篇

第二章　空军篇

第三章　海军篇

第四章　导弹与两弹一星篇

第五章　芯片篇

第一章

电力篇

1882 年 7 月 26 日晚上 7 点，上海外滩。
6.4 公里的供电线上，有 15 盏弧光灯被点亮。

其中 7 盏在江边的礼查饭店。

电灯这种新奇玩意儿，
吸引了全上海的人嗷嗷叫着去参观。

爸爸，晚上为什么
会有太阳啊？

这不是太阳，这是电灯，
通了电就会亮。

礼查饭店是中国最早安装电灯的饭店，
而这几盏电灯，开启了一个国家漫长且艰辛的电力发展之路。

第一节　辛酸起点

衡量一个国家工业强不强，有一个相当重要的数据，就是这个国家的发电量的多少。

2020 年，全国总发电量是 77791 亿千瓦·时[1]。这是个什么概念呢？

我们看看下图就知道了：

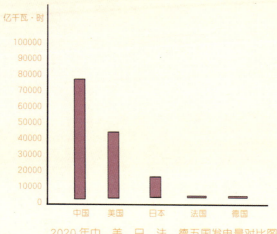

2020 年中、美、日、法、德五国发电量对比图

这个发电量相当于美国的 1.8 倍，日本的 7.8 倍，法国的 14.8 倍，德国的 13.6 倍。

1 数据来源：BP p.l.c.Statistical Review of World Energy2021[R].
UK:BP,2021.

打这里也可以看出来，咱们国家这个"世界第一工业大国"的名头可不是说着玩的。

对于中国来说，成为电力巨无霸并不是一蹴而就的。我们的起点非常低，一路走来也是磕磕绊绊的。

接下来我们就聊聊中国电力的发展历史。这段历史很长，内容很多，我们分成三个阶段来讲：

辛酸起点 1882 ~ 1949 年

蹒跚学步 1949 ~ 1999 年

孤独求败 2000 年至今

先来说说第一阶段——辛酸起点。

1. 中国最早的电厂

让我们把时间拨回到 19 世纪中叶。这段时期，西方的"科技树"点得飞快，尤其是在电的研究和使用方面。

1831 年，英国科学家法拉第发现了电磁感应现象。

1840 年，第一台电灯被发明出来[1]。

1　数据来源：Hannavy,John.Encyclopedia of Nineteenth-century Photography.[M].Boca Raton, Florida:CRC Press,2008.

1855 年左右，英国科学家麦克斯韦开始研究电磁现象，并在 1865 年预言了电磁波的存在[1]。

西方世界加班加点地进入电气时代，清政府也没闲着。

1　数据来源：中国无线电管理网.电磁波来了（1855−1888)[EB/OL].(2010−09−27)[2023−06−01].http://www.srrc.org.cn/article2376.aspx.

1840 年，英国挑起事端，找借口和当时的清政府打架。双方打了两年，清政府输了，然后就和英国人签了个条约——《南京条约》。

《南京条约》是中国近代史上第一个不平等条约，打那以后，中国逐步沦为半殖民地半封建社会。

《南京条约》里有一条挺重要，让上海变成中国对外通商口岸，也就是洋人来做生意的地方。

在这之前，洋人做生意都得在广州做，大名鼎鼎的"广州十三行"就在这里。但条约一签，上海、广州等五个口岸都可以做买卖了。加上上海贸易环境不错，水路环境更好，洋人一股脑儿往上海跑。很快，上海成了中国最发达的城市，也成了中国最早用电的城市。

第一个用电的是开在外滩边上的一家饭店——礼查饭店，也就是今天的上海浦江饭店。

礼查饭店早先是一个叫礼查的英国人开的。后来生意做得不咋地，转让给了别人。新中国成立后，饭店于1959年改名浦江饭店。

礼查饭店被转手给新老板亨利·史密斯后，史密斯发现这个饭店位置特别偏僻，要啥没啥，客人们恨不得跑到黄浦江里抓泥鳅玩。

眼瞅着这么下去不太行，史密斯一跺脚做了一个决定：

要不，咱给饭店装个电灯泡吧！

于是，就有了开篇漫画的那一幕：1882 年 7 月 26 日晚上 7 点，礼查饭店亮起了灯，成了中国最早安装电灯的饭店。

靠着这几盏电灯，礼查饭店的人气噌噌往上涨。也是打这里起，中国开启了自己的电力事业。

给礼查饭店电灯供电的叫上海电气公司，是英国人立德尔于 1882 年 4 月创办的，这是中国第一家发电厂。这家电厂的出现，标志着中国电力工业的发端。

上海电气公司用的是美国的直流发电机，这家电厂只比法国巴黎北火车站电厂晚建7年，比英国伦敦霍而蓬高架路电厂晚建6个月，比圣彼得堡电厂早1年，比日本桥茅场町发电厂早5年。可以想见当时的上海有多洋气。

点亮了中国最早的路灯以后，上海电气公司又把业务拓展到南京路、百老汇等"网红景点"，这点灯业务是收费的：从黄昏点到半夜，每盏路灯每周收4块钱，点到天亮收7块钱。

上海电气公司因为技术问题，开了 6 年就倒闭了。公司有个中国股东叫魏特摩，自己掏钱又开了个新申电气公司，发展得还不错，当然这都是后话了。

除了上海，广州这边也没闲着。

1890 年，有个叫黄秉常的旅美华侨开办了广州第一家电力公司——广州电灯公司。这也是中国首家民办电灯公司。

广州电灯公司也是用的美国技术，可惜黄先生不太会经营，投入太高，用得起电的人又少，9 年以后这家公司就倒闭了。

　　搞电力的除了洋人和一些民间精英，还有一股不可忽视的力量，那就是洋务大臣们。

李鸿章是这些大臣里最早搞电力建设的。对于李中堂来说，不管搞什么东西，关键在于上面的支持，于是他花了 6000 两银子，给慈禧搞到了发电机和电灯这些新奇玩意儿。

茄子！

据说慈禧第一次看到电灯的时候，把它们当成了发光的茄子，闹了个大笑话。听了大臣们的解释，她才知道这是西洋来的电灯。不过，这个故事的真实性有待考证，大家听个乐就好。

慈禧开心了，李中堂的事也就好办了。

从 1888 年开始，官办的发电厂在全国遍地开花。

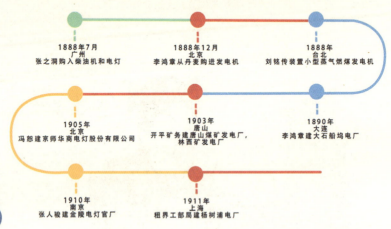

1888 年 7 月
广州
张之洞购入柴油机和电灯

1888 年 12 月
北京
李鸿章从丹麦购进发电机

1888 年
台北
刘铭传装置小型蒸气燃煤发电机

1905 年
北京
冯恕建京师华商电灯股份有限公司

1903 年
唐山
开平矿务建唐山煤矿发电厂，
林西矿发电厂

1890 年
大连
李鸿章建大石船坞电厂

1910 年
南京
张人骏建金陵电灯官厂

1911 年
上海
租界工部局建杨树浦电厂

以上讲的这些，是 1882~1949 年间中国电力事业的家底。

总的来说，这段时期中国的电力建设有这么几个特点：

1. 建设者多为当时的精英群体。这批人易于接受新事物而且拥有足够的财力。

洋人　　　华侨等民间精英　　　开明官僚

2.发电技术多是引自国外，自己没有核心技术。

3.发电厂规模小，分布零散。

1936 年，中国发电容量是 136 万千瓦[1]，年发电量 44.5 亿千瓦·时，这是个什么概念呢？

1　数据来源：白玫.百年中国电力工业发展 [J].价格理论与实践,2021（11）.

如果单单是起点低其实也还好，当时美国的全年发电量相当于我们的四五百倍。

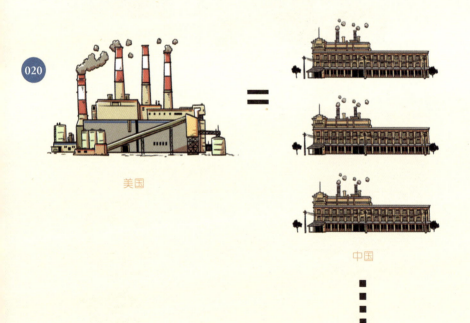

美国

中国

2. 日本人来了

1931 年 9 月 18 日，"九一八"事变爆发，十四年抗战开始了。

对于日本人的这种无耻行为，学者蒋廷黻当时说得很清楚：

而中国走向强大、走向现代化所需要的电力，日本人一定会想尽办法攥在自己手里。

在这方面，日本人的思路很清晰。

先看东北，1943 年，日本人在松花江上建成当时亚洲最大的水电站——丰满水电站。

修建丰满水电站的 6 年里，20 万中国劳工被日本人掠到工地，遭受了难以想象的残酷压榨与折磨。

修建期间一共死亡 5110 名劳工[1]，这些劳工的尸首被直接丢弃在水电站旁的沟渠里。

1　数据来源：吉林省地方志编纂委员会.吉林省志：重工业·电力·卷二十一 [M].吉林：吉林人民出版社，1996.

这样的"万人坑"，日本人在东北各地留下了多处。

日本人一边在东北疯狂铺基地，一边在前线烧杀抢掠。

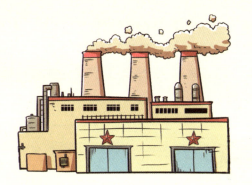

⊗ 华商电灯公司　　　⊗ 上海杨树浦电厂

⊗ 开滦中央电厂　　　⊗ 嘉兴发电厂

⊗ 青岛发电所　　　　⊗ 杭州闸口电厂

⊗ 镇江大照发电厂　　⊗ 戚墅堰发电厂

⊗ 首都电厂　　　　　⊗ 武进发电厂

当时首都电厂有部分工人来不及撤离，这些留下来的人不愿意配合日本人发电，大部分被杀害。

就这样，当时国内几乎所有重要发电企业都落入了日本人手里。

留给国民政府大后方的发电量只有日本侵华前的 6%。就连这 6%，也是好不容易抢救下来的。

宜昌电业的启蒙——永耀电气公司的迁移就非常艰难。

永耀电气公司要把设备从宜昌运到岷江电厂，走水路要过长江的宜宾段。宜宾水路三江交汇，水流湍急。

永耀电气公司没有轮船，就把设备装上木船，工人亲自当纤夫，每天前进一公里。

半年后，大家伙儿到了目的地，但发电设备损失了一半，有 5 名工人壮烈牺牲。

靠着一次次悲壮的自救，中国的电力事业顽强地存活到了日本人被打败的那一天，发电量也开始噌噌"回血"。

到 1949 年新中国成立的时候，全国发电设备容量是 184 万千瓦，年发电量是 43 亿千瓦·时[1]。

这个数据其实比 1936 年好不到哪里去。

1　数据来源：白玫. 新中国电力工业 70 年发展成就［J］. 价格理论与实践，2019（5）.

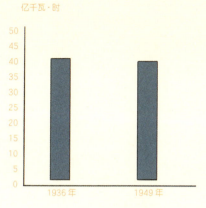

年发电量

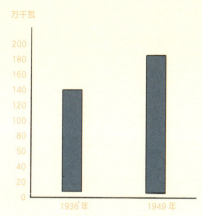

全国发电设备容量

13 年过去了，起点还是那个起点。

然而，时代不同了。

在这个伟大的新时期，中国电力即将迎来狂飙猛进的 70 年。

028

别笑，这是新中国刚成立时的真实状况。

那时我们穷到什么地步呢？

拿人均国民生产总值（人均 GDP）[1]比一比，立马就有概念。

先跟当时比较有钱的国家比比。

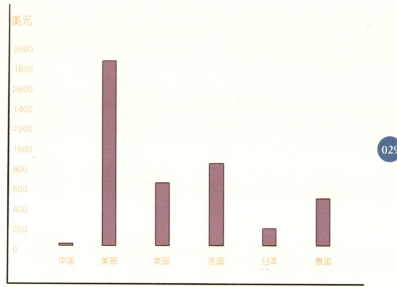

1949 年中、美、英、法、日、德六国人均 GDP

咱跟欧洲、北美的列强比不起，还比不起亚非拉的穷哥们儿吗？

还真比不起！

1　数据来源：世界银行公开数据。

当时中国的人均GDP[1]，基本就是亚洲倒数第一。

这可真是当贫穷来敲门——穷到家了。

在如此贫穷的大背景下，我们的工业水平约等于没有，电力事业约等于从零开始。

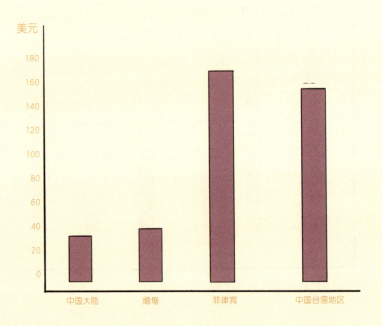

1950年海峡两岸及缅甸、菲律宾人均GDP

1　数据来源：《联合国世界经济发展统计年鉴》。

印度的人均发电量，都差不多是我们的 4 倍[1]。

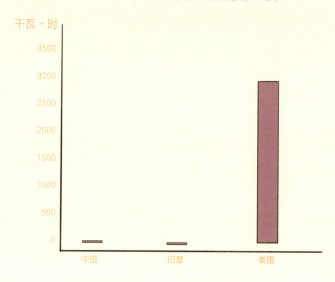

1950 年中、印、美人均发电量

1　数据来源：白玫. 新中国电力工业 70 年发展成就 [J]. 价格理论与实践，2019（5）.

先给结果。

就是从这几乎为零的起点，中国的电力事业直接走成了这样：

亿千瓦·时

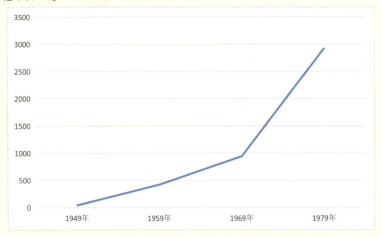

1949~1979 年全国发电量

不得不说，中国电力事业这 70 多年逆天改命，一路走来着实不容易。

要想掌握其他国家的先进技术，一般都要经过两步：引进、学习。

而中国引进和学习电力技术的时间段主要集中在1949～1999年，这段日子还能再细分一下：

1949年时，我们只有以前自己积累的一点技术；

1949～1977年，苏联人来了又走了，技术全靠自己啃；

1978～1999年，全面引进西方技术。

1.1949 年前

在开讲之前，我们要先明确一个概念，那就是中国主要靠火力发电。

搞清楚了火力发电的历史，就搞清了中国电力史。

1938年，昆明中央机器厂第四分厂引进了瑞士的技术，制造出了中国最早的两台2000千瓦火力发电设备。

上面是咱们技术上的底子，下面要提到的就是人才上的底子。

1945年，根据美国西屋电气公司跟国民政府签订的合同，西屋电气培养了 96 名中国电力技术人员。

靠着这些技术大佬，我们在新中国成立初期搞了三大发电设备制造基地：

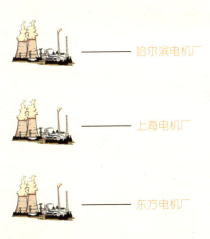

哈尔滨电机厂

上海电机厂

东方电机厂

2.1949 年到 1977 年

　　新中国成立以后，很快得到了社会主义兄弟们的帮助。

　　1954 年，上海发电机厂引进东欧社会主义小伙伴捷克斯洛伐克的技术，搞出了 6MW 火电机组。

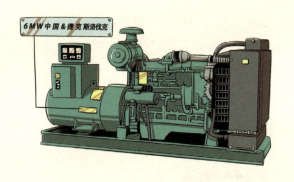

　　1958 年，哈尔滨电机厂引进老大哥苏联的技术，搞出了 25MW 和 50MW 火电机组。

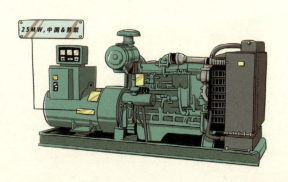

1949～1958 年这段时间中国很穷，也没啥技术，发电量爬升的速度也没有那么快。

紧接着，牛气哄哄的哈尔滨电机厂开始发力了。

1960 年，100MW 高压火电机组研发成功；

1970 年，200MW 高压火电机组研发成功；

1971 年，300MW 高压火电机组研发成功。

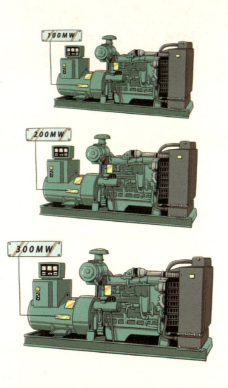

1977 年，哈尔滨电机厂研发到 600MW 的时候，研发不下去了。已经研制出来的这批设备也是问题重重：

（1）所有自己研发的发电设备都在不停地出故障，修都修不过来；

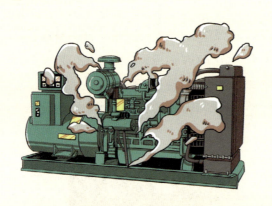

（2）相比于欧美同样大小的机组，我们的发电设备消耗的煤炭只多不少。

故障多，能耗高，新设备研发不出来，本质上还是技术不行。

但仔细想想，本来咱的底子就薄，再加上苏联援助咱们没几年就翻脸了，剩下的技术全靠自己啃，出现这些问题也在所难免。要想解决这些问题，还是要另辟蹊径。

3.1977 年到 1999 年

1977 年底，第一机械工业部开了个会，讨论了一下发电机问题。

大家都觉得苏联这大腿肯定抱不到了。正好当时我们国家正在和西方缓和关系，可以去美国、日本和欧洲这些地方考察一下。

参观完西方的先进电力技术，我们的人坐不住了，下决心砸锅卖铁也要把这些技术搞到手。

1980 年，中国拿出了手头上仅有的一点外汇，把 6 家欧美公司叫过来一起谈判，当时的场景大概是这样的：

最终，在层层搏杀以后，美国燃烧工程和西屋电气被选中了，引入的技术可以列一个长长的清单：

技术引进之后需要本土化，在这方面，我们可是太擅长了。

根据美国技术造出来的 300MW 发电机组，国产化速度飞快：

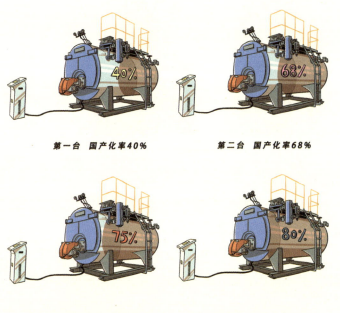

国产设备研制出来了，还能省钱。就拿栅架多点焊机来说吧。

国产的：¥100000　　瑞典进口的：$1000000

10万块，买不了吃亏，买不了上当！

咱们这帮可爱的电力技术人员，就是靠着这股子韧劲把电力的技术全都啃透了。

等到1995年，哈尔滨、上海、东方三个发电设备制造基地，终于造出了达到国际先进水平的纯国产火力发电机。

300MW、600MW 火力发电机，两种型号都有。

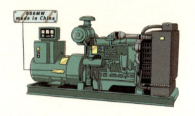

发电技术琢磨透了，咱们就开始在全国造发电厂，发电量也开始突飞猛进。

第一，我们有集中力量办大事这个优势；

第二，我们坚持自力更生；

第三，我们有重点工程为依托；

第四，我们有一批可敬的有民族自尊心的人才。

说白了，就是边学边干，绝不偷懒。

而经过了 50 多年的蹒跚学步以后，中国电力事业即将迎来大发展。

有了这四条，什么困难都难不倒我们！

讲完了火力发电技术的发展，顺便讲讲煤炭这个题外话。

1995 年我国将先进发电机组的科学技术吃透，接着在全国造发电厂。2001 年 12 月中国加入世贸组织，经济迅猛腾飞，2005 年中国搞定了特高压输电。

也就是从这段时间开始，我们需要更多的电，也就需要更多的煤。

于是，煤炭在这段时间疯狂涨价。

煤炭价格飞涨，私人煤矿不要命地开采挖掘，带来了巨大的安全隐患。

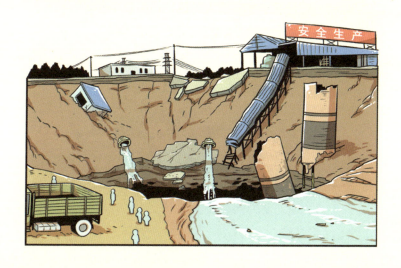

大家可以回忆一下矿难事故发生最多的时候，是不是就在煤炭涨价的这几年？

除了矿难，涨价还造就了一个个财大气粗的煤老板。

2009 年之后，山西省开展煤炭企业整合重组。私人开矿不行了，大部分煤矿都开始推行机械化采煤。打这时起，煤老板退场，矿难事故也大大减少。

让我们铭记那些牺牲的人，铭记他们为中国电力事业发展和经济腾飞做过的每一分努力。

第三节　孤独求败

我国电力技术超过美国，搁 20 多年前谁也不信。

可谁叫我们中国人专治各种不服不信呢！

在讲 2000 年至今中国电力事业的发展之前，我们先来庆祝一下，毕竟全篇都是成功的味道！

庆祝完了，咱们就从发电、输电、核电及水电这几个方面讲讲我们是如何做到世界领先的。

1. 发电

　　其实发电这块要讲的不多，自从我国吃透了先进的火力发电机组技术，发电量一下子从坐汽车变成了坐火箭。

2010 年前

2010 年后

　　2010 年的时候，我国发电量就超过了美国，"全球发电第一名"的美国被挑落下马。

051

时代变了!

　　2020 年，中国的发电量占全世界总发电量的 29%，是全球电力业当之无愧的第一名。

　　这么多电，咋输送到千家万户呢？

2. 输电

其实，在电力事业的各个板块里面，我国研究较深、技术较强的是输电。

这个跟咱们的国情有关系，我们先看看中国的地形图[1]：

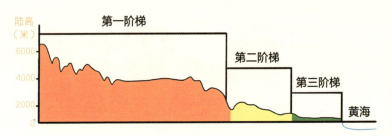

沿北纬 36° 中国地形剖面图

我们国家国土面积辽阔，而且布满了河流湖泊、沙漠戈壁、雪山峡谷三级阶梯，地形复杂，平原、盆地、高原、丘陵啥都有。

1 数据来源：人民教育出版社课程教材研究所，地理课程教材开发中心 . 义务教育教科书地理八年级上册 [M]. 北京：人民教育出版社，2013：6.

"国土面积辽阔，地形复杂"的特点，使得中国在建输电线路这事上，需要克服很多其他国家遇不到的困难，外国的输电技术在我们这儿不是特别顶用，大多数都得自己搞。

　　引进输电技术，讲起来就是两件事：

　　改革开放前，先跟苏联老大哥学习，然后自己攒，1974年建刘家峡水电站的时候自己搞出了330千伏超高压输电线路。

　　改革开放后，1979年引入6个发达国家7家公司的输变电技术，1981年建成了全长594千米的平（平顶山）—武（武汉）500千伏超高压输电工程。

平顶山姚孟 　　1981年，500千伏超高压 　武汉凤凰山594千米

然后，我们就把 500 千伏超高压输变电技术国产化了，这已经是当时的国际先进水平。

后来发现，国际先进水平在我们国家没啥用。

由于中国国土面积辽阔，地形复杂，而且大部分电力资源，比如风电、水电、火电，都集中在地广人稀的西部地区，在这些地方搞输电就得用更大功率的输电线路。

既然 500 千伏的国际先进水平没啥用，我们就自己创造更先进的国际水平。

2001 年，国家电力公司开展了个新项目，很简洁，也很"硬核"。

气氛都烘托到这儿了，那就开干吧。

2003 年，37 个相关单位的技术大佬齐刷刷跑到西北的荒漠戈壁，开始琢磨 750 千伏输变电技术。

2005 年，750 千伏超高压输变电工程正式竣工。

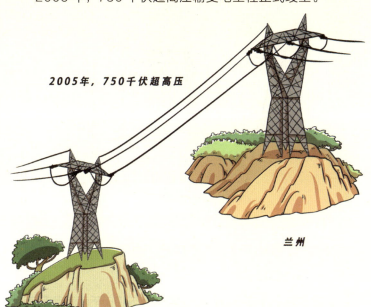

2005年，750千伏超高压

兰州

官亭

这项工程的 29 个子项目都是我国独立自主完成的，国产率达到 90% 以上，这是世界顶尖水平，没几个国家搞得来。

既然已经"孤独求败"……

那不如自己超越自己！

2005 年 3 月，几位电力大佬又提交了一份报告。

特高压，那可要 1000 千伏起，难吗？难！不过在咱们手里，似乎也没那么难。

2009 年 1 月 6 日 22 时，第一个 1000 千伏特高压交流工程横空出世！

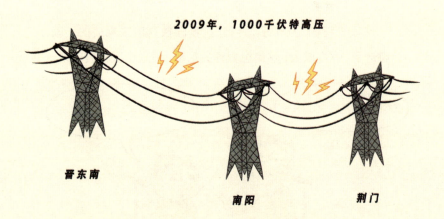

2009年，1000千伏特高压

晋东南　　　　　南阳　　　　荆门

从此，我们国家的输电技术就无人能及了。

聊到最后，不得不提一个对咱们的输电技术有大贡献的人：国家发展和改革委员会原副主任张国宝。

张国宝

正是张老爷子一次次不懈地推动，我们才掌握了特高压输电技术，而有了这项技术，国家才真正走在了世界前列。

张老，您觉得特高压技术好在哪里？

全世界就咱做出来了，国际上的技术标准也都按咱的来。

功在当代，利在千秋。

3. 核电和水电

最后来聊一下核电跟水电。

我国 20 世纪六七十年代就想搞核电，还实施了"581工程""122 工程"，但是最后因为各种原因没搞起来。

1970 年开始，周总理亲自把关，我们成立了"728 工程"，决定把第一个核电站建在这里：浙江海盐县秦山地区。

是的，这就是我们中学课本里经常提到的秦山核电站。

我们当时本打算全面引进法国技术，后来还是决定从零开始自己造，实在搞不定的再去国外买。20 多年后，我们的核电站终于吭哧吭哧地搞出来了。

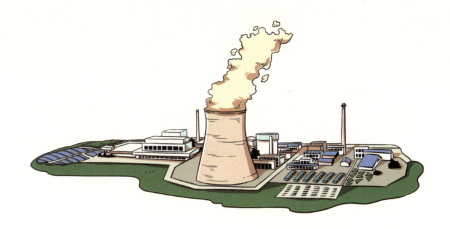

秦山核电站一期，1991 年 12 月发电

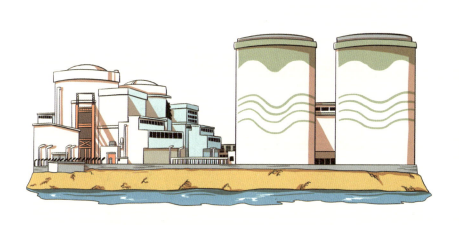

秦山核电站二期，1996 年发电

秦山核电站三期，2002 年发电

到 2020 年，我国共有 48 台商用核电机组在运行，建成 12 座核电站，在建 10 座核电站。咱也成了名副其实的核电大国。

说完核电再说水电。

新中国刚成立的时候，水电主要靠的就是前面说过的日本侵略者在松花江建的丰满水电站。

新中国成立后，在苏联专家的帮助下，我国自主建造了第一座水电站——浙江新安江水电站。

新安江水电站的建设给我国培养了一大批水电人才。然后，我们国家的水电站开始遍地开花。

当时我们的水电人才去国外考察了一些有名的水电站，比如巴西伊泰普水电站、埃及阿斯旺水电站，然后发现了一个比较严重的问题：

　　"基建狂魔"的心态只有一个，那就是受不了自己没别人做得好。于是回国之后，我们就搞了个轰动全世界的大工程——三峡工程。

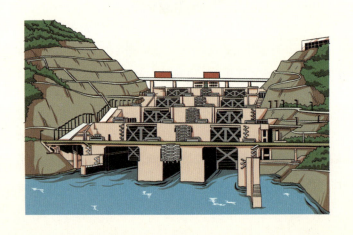

搞水电站除了能发电还能扶贫脱贫，当然，这就是另一个故事了。

1999年春节，朱镕基总理去贵州考察，发现贵州真是太穷了，但也很"富裕"。

穷的是人。

富的是水力资源。

然后，轰轰烈烈的西电东送工程就开始了。

工程南线的水电系统大概是这样的：

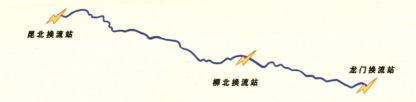

昆北换流站

柳北换流站

龙门换流站

滇黔桂川的电力输送到广东，广东不缺电了，滇黔桂也有钱了。

目前为止，世界前 20 大水电站有 11 座是中国的，2018年中国水电站总发电量达 1.2 万亿千瓦·时，处于世界第一位，再次走上巅峰。

讲到这里，中国电力史差不多也完结了。

最后我们再看看最近的电力事业成绩单。

几乎样样都是世界第一！

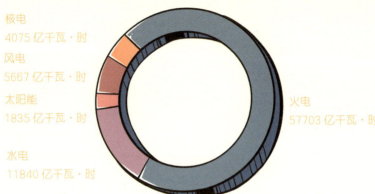

核电
4075 亿千瓦·时
风电
5667 亿千瓦·时
太阳能
1835 亿千瓦·时
水电
11840 亿千瓦·时

火电
57703 亿千瓦·时

2021 年全国发电量

1846 年，洋商礼查自英国来，准备在上海建一座饭店。

他不会想到自己的饭店将亮起中国的第一盏电灯，更不会想到，这片土地上将会诞生世界上迄今为止最大的工业文明。

感谢我们可爱的电力人，默默地从学习、追赶，再到超越，这一走，就是百年。

当然，这是一个伟大时代的开始。

第二章

空军篇

为了这顿饭，林虎早就做了准备，从部队找来一个"神人"。

这位是中国酒神，没人能喝过他，谁想试试？

哦，是吗，我想看看这位酒神有多厉害。

我没醉……再来！

酒神？
来吧。

VS

在当天的饭桌上，酒神一共喝趴了17个苏联人。

当天的饭局后，林虎拿到了苏-27战斗机的进口协议。正是这
关键的一步使得中国空军力量真正开始腾飞。

第一节 艰难的起点

战斗打响，天空也会成为战场。抗日战争时期，日本人的飞机经常盘旋在高空。一阵轰炸，留下的除了焦土和弹坑，还有无数鲜血淋漓的尸体。

1949 年 5 月，国民党的轰炸机空袭了北平南苑机场。

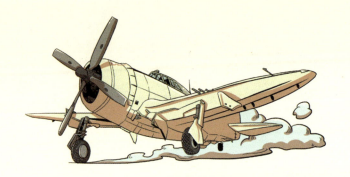

这场惨烈的轰炸让大家更深刻地意识到，战斗，不只在地面，更在天空，所以我们开始拼命发展空军力量。

至今，历经短暂的 70 余年，我们的空军力量已经从无到有、由弱到强。

这巨大的飞跃背后，我们究竟做了多少努力，又有什么好玩的故事呢？这就是我们今天要讲的：人民空军力量成长史。

这段历史大致可以分三个阶段。第一阶段：培养空军人才。

第二阶段：空军技术的 1.0 时代。

歼 -5

第三阶段：空军技术的 2.0 时代。

歼 -10

在讲故事之前，我们要先知道，组成空军力量的不只有帅气勇敢的空军队伍，还有同样帅气的空中飞侠——军用飞机。

军用飞机主要有这几类：歼击机，也叫战斗机，负责在天上击落敌机。

强击机、轰炸机，负责对地面目标进行攻击。

运输机，负责运输物资。

侦察机，负责侦查敌方动态。

预警机，负责提前做出预警。

除了这几种，还有其他类的军用飞机，比如截击机、反潜机等，这里就不展开讲了。
在上面几类主要机型中，对歼击机的技术要求尤其要高。

你想想，在空中打击敌人飞机就好比两人在空中格斗。所以这就要求它：速度快、够灵敏、准头强。

要达到这样的目标，不仅需要先进的技术，更需要优秀的军事人才。

1. 事在人为，先培养人才

1946 年 3 月，抗战刚结束，我们党建立了第一所航空学校：东北民主联军航空学校。

最初的校址是在吉林通化，后来学校多次转移地址，多次修改校名，大家简单了解就好。

这所学校主要是为了培养飞行员和技术人才，学生是从各个部队中抽调过来的。

学生有了，但是没有教学道具，怎么办呢？于是学校搜集了100多架破飞机，修修补补。没有汽油，就用酒精替代；没有保险带，就用麻绳替代。没有充气设备，你猜怎么着——

还有更"秀"的操作。

虽然条件艰苦，但是教学效果特别好。在短短的三年中，学校培养出了 500 多名飞行员和航空技术人员。也正是这些人在未来撑起了中国空军技术的发展。

这其中有一个重要的学员，我们需要说一下：林虎，未来的战斗英雄。

林虎

林虎母亲是俄罗斯人，父亲是中国东北人，都去世得早。

林虎 11 岁时参加了八路军，后来被调到了东北航空学校学飞机驾驶。

很快，抗美援朝战争爆发，他和他的同学加入志愿军去战斗。

在一次战斗中，林虎击落一架美军战斗机，随后被敌机迅速围攻。他掉进了大海里，好在被朝鲜百姓救下。

空军人才迅速地成长起来，接下来就是技术的事儿了。

2. 从零到一的艰难摸索

　　时间来到 20 世纪 50 年代。中国刚从战乱中爬起来，技术上几乎为零，所以怎么开始是个难题。自己不会，就学习、模仿好了。

　　1956 年，中国经苏联同意后，模仿苏联的战斗机，成功制造出了第一架歼击机：歼 -5。

可能有人会好奇，既然是第一架歼击机，为何不是歼 -1，而是歼 -5。因为我们是从 20 世纪 50 年代才开始研制，所以很多武器的命名都是从 5 开始，还比如轰 -5、直 -5 等。

自此，直到 20 世纪 80 年代，中国持续发力，取得了诸多研发成果。1964 年，歼 -6 研制成功。

1967 年，歼 -7 研制成功。

1969 年，歼 -8 研制成功。

这里需要特别提一下，中国没有歼－9。因为各种原因它"流产"了，具体的故事我们后面讲。

这些成果意味着中国终于完成了从零到一的起步。然而在我们努力前进的同时，其他国家也没闲着，比如两个超级大国——美国和苏联。

凭借多年的技术积累，他们的空军力量已经步入崭新的时代：他们的歼击机无论在哪个方面都远远超过了我们的。

这就好比我们刚学会骑自行车，他们已经开上了汽车。

谁不想拥有"汽车"呢？所以接下来就是，获得制造"汽车"的技术。

　　怎么获得呢？

　　就在这个时候，林虎走上历史舞台……

3. 酒桌上拿下苏-27

人类的发展都是站在前人的肩膀上。

20 世纪 80 年代末，为了尽快加强我们的空中力量，国家派林虎出马，去苏联采购先进的战斗机。

此时的林虎，已经是睿智自信的中国空军副司令员。

到了苏联，二话不说先吃顿饭。大家都知道，苏联人是行走的酒瓶子，喝酒跟喝水似的，结果一个苏联人喝多了，不小心嘴也瓢了。

要买米格-29是吧？那玩意儿早过时了。现在最厉害的是蓝色闪电！

　　林虎一听到这话，立马留了个心眼，本来苏联打算卖给中国的是米格-29，但蓝色闪电显然更高端。

　　由于涉及苏联国家机密，所以林虎的团队费了很大的劲儿才摸透蓝色闪电的情况。原来，蓝色闪电是拥有最新技术的苏-27战机。

　　蓝色闪电特别"闪"，据说有人称赞它："像蛇一样的战斗技能夺取了美国空军的霸权。"

　　而且米格 -29 和苏 -27 的操作系统有着本质的区别，相当于一个是小灵通，一个是智能手机。

显然，苏-27才是中国想要的，所以林虎一心想买下它。但是苏联一口咬定，不卖，更不给看。不仅如此，他们还疯狂推销过时的米格-29。

于是在一个万里晴空的日子里，苏联飞行员驾着米格-29开始演示飞行。

结果万万没想到，飞机竟坠毁了……

　　大家被这套操作震惊得说不出话来，场面一度十分尴尬。

　　好在这么一搞，苏联也不好意思再推销米格 -29 了，同时也更坚定了林虎要拿下苏 -27 的决心。他开始等待时机。

　　终于，机会来了，由于当时苏联经济实在是不咋地，迫于压力，最终同意把苏 -27 卖给中国。但是价格嘛，对我们来说非常不友好。林虎又犯愁了。

怎么跟一个外国人砍价呢？

林虎想到了中国博大精深的酒桌文化，于是，就有了约苏联代表吃饭的故事，就是开篇漫画中的一幕。对于这场酒局，苏联人是难以忘怀且难以置信的。

　　尽管酒桌上牛了一回，但事儿还没搞定，林虎觉得火候还不到，于是找来酒神，又组了一次饭局：

当17个苏联人依次栽倒在林虎等人手里时，他们彻底服了。

眼见苏联人气势上输了下来，林虎乘胜追击：

这一波操作下来，苏联人终于松口，以特别美丽的方式成交。

30% 的价款，用现金交易。

70% 的价款，用货物替换。

据说为了凑够一万件狗皮大衣，那几年"牺牲"的狗狗格外多。

终于，中国买到了 24 架苏 -27 歼击机。

俗话说，授人以鱼不如授人以渔。虽然我们千辛万苦买到了苏 -27，但大家都清楚，比起这架飞机，更重要的是背后的技术。

但一个国家的硬核技术怎么可能说卖就卖？所以中国再次等待时机。

没多久，苏联发生了一件大事儿：

苏联解体了！

　　俄罗斯经济因此遭受重创，压力特大，当时的军委领导一看，哎哟，机会来了！

最后双方达成协议，俄罗斯把技术转让给我们。这也意味着中国有了世界上领先的飞机生产线。

注意，俄罗斯转让的不是所有的技术。机体由中国自己来制造，而发动机、雷达及电子设备等核心技术装置依旧由俄罗斯供给。

进口苏-27和先进生产线的建成意味着中国的空军力量即将从1.0时代飞跃到2.0时代。

接下来，我们要掌握全部技术，研发出属于自己的歼击机，那才是真正的飞跃。

这时候，一位大佬已经准备好了。

第二节　龙跃于渊

我们在上文讲到，中国终于拥有了先进的苏-27和生产线。但想让中国空军力量真正起飞还要靠我们自己。

这时候，他已经准备好了。

1. 时刻准备着的宋文骢

宋文骢，被誉为"歼-10之父"。他出生在国破家亡的20世纪30年代。他记事的时候，家乡昆明市的街道上空经常有日本军机飞过，一路轰炸，整条街道满是鲜血。

当时年仅8岁的宋文骢立志："等我长大了就去开飞机，炸那些'鬼子'。"

怀着一腔热血，宋文骢长大后参了军，先是当上了侦察兵，后来知道长春空军第二航校招生，就去当了空军机械师。

在这里，他负责修理苏联制造的米格-15战斗机。后来抗美援朝战争爆发，他也和林虎一样参加了战斗，或许两人还曾经擦肩而过。

战争结束后，宋文骢结束了半生戎马，转身开始研发歼击机。

我们在上文中说过，中国没有歼击机-9，是因为它没诞生就半路流产了，而它的负责人，就是宋文骢。

歼-9的研发特别难。有多难呢？大家看看这些数字体会一下：

500多项建模；

12000次高低速风洞试验；

15000多次计算分析……

尽管宋老如此努力，项目还是被叫停。这恰好说明技术的每一点进步都特别不容易。项目没了，宋老的团队自然要解散，都要去找新的事做，但是宋老很清楚，比起项目，这些人才更重要。

　　为了留住这些年轻人并且培养好他们，宋老从成都飞机工业集团抢了一个活儿：歼 7-Ⅲ 的研发。

尽管歼 7-Ⅲ 的研制结果不是很成功，但是不要紧，宋老真正的目的达到了。原来的"生瓜蛋子"经过一番折腾后都成了经验丰富的技术骨干。

　　这期间宋老还发现了一个少年，也是他未来的接班人：杨伟。

　　杨伟是一个妥妥的天才少年。别人还在读初中时，他已经考上了大学。

　　完成学业后，杨伟加入了宋老的团队。

但由于年轻气盛，硬是被宋老摁到了基层去历练。

宋老一边紧着培养人才，另一边也没放过自己。

2. 歼-10的诞生

　　宋老不断地在思考更新的歼击机设计理念，由此造就了后来的歼-10。

　　功夫不负有心人。1983年，有关部门开会，讨论研发新的歼击机的想法，宋老上台只讲了15分钟，就得到了一致的好评。

　　最终，国家确定由宋老来主持新型歼击机的设计。

　　想法是有了，而且非常棒，但是真做起来可就相当难了。就在宋老艰难前进时，东边不亮西边亮，林虎买来了苏-27，并拿到了一些相关的数据资料。

经过一番研究，宋老突然打开"任督二脉"，思路也打开了：美国 F-16 战斗机研究成果 + 歼 -9 上万次的研究数据 + 苏 -27 发动机 = 歼 -10。

研发顺风顺水。终于，在 1994 年，歼 -10 投入制造。

所以说，天下没有白费的功夫和心思，歼 -9 的上万次研究数据，正是成就歼 -10 不可或缺的因素之一。

但这还不算诞生，还缺少一个重要的环节：试飞。

要知道，试飞的风险很大，相当于拿命去赌博。1999年3月23日，试飞员雷强毅然决然登上了飞机。

试飞成功！1999 年，歼 -10 终于诞生！

这也意味着中国有了高端战斗机，中国的空军力量跟上了世界空军强国，步入了 2.0 时代。

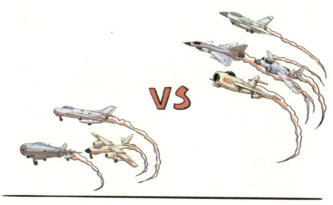

1.0时代　　　　2.0时代

试飞成功当天晚上举办庆功宴，平时喜怒不形于色的宋老特意宣布了一件事——

> 从此以后，3 月 23 日就是我生日了！

3月23日

其实歼 -10 诞生的背后，还有一段辛酸的故事。

这是一个关于鸭子的故事。事情是这样的，由于当时国家比较穷，所以歼 -10 的研发经费特别不足，只有 40 亿元。要知道，美国这方面的研发经费是 100 亿美元起步的。

没错，据说为了多凑点经费，宋老下班之余就在街边摆摊卖鸭子赚钱。还有人说是卖面条。

怎么把一块钱掰成一百块花呢？

总之，不管卖啥，可以看出歼 -10 的诞生实属不易。歼 -10 诞生时，宋老已经是 68 岁的老人了。为国家戎马半生，科研半生，他的使命完成了。

3. 江山代有才人出

科技每天都有进步，江山也代有才人出。宋老把壮大中国空军力量的接力棒传到了关门弟子杨伟手中。

再说回歼 –10。经过几年的使用后，它的弱点也逐渐暴露，比如：机身有点重；

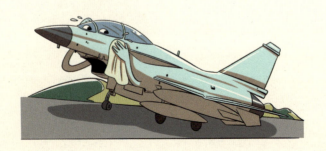

速度还不够；

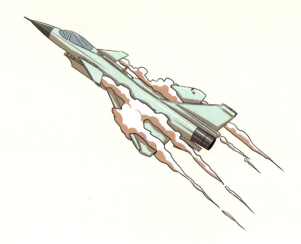

阻力有点大。

于是，针对这些弱点，中国的空军科研人员开始着手研究，这些科研人员中便包括杨伟。

这一研究就是 14 年。14 年过去了，杨伟从一个 30 多岁的小伙熬成了年过五十的大叔。

我变老了，也变强了！

那歼击机的研究进展如何呢？

2011 年 1 月 11 日，在成都西北的一座机场，一阵低沉的轰鸣声过后，一架外形奇特的战斗机冲破长空！

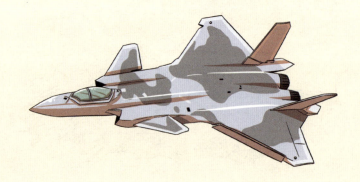

这架超级酷炫、超级高端的歼击机就是杨伟设计的歼-20。18分钟后，歼-20顺利落地，周围的人一阵欢呼，歼-20终于诞生！

　　歼-20解决了歼-10存在的问题，在速度、灵敏度、隐形等各个方面都更上一层楼。

更重要的是，它的诞生意味着中国有重型隐形战斗机了！在此之前，世界上能做到的只有美国和俄罗斯。

至此，中国成为世界空军实力领先国家之一。

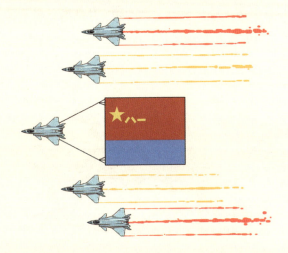

歼-20的诞生是一个新的开始，是中国的空军力量朝着更快、更强发展的开始。

中国空军的逆袭，不仅仅有上面提到的这些人的功劳，还有无数为了国家和民族默默付出的无名英雄，我们或许不知道他们的名字，但他们的贡献将会永远留在史书里，留在人心里。

第三章

海军篇

1988 年，国家开始对某核潜艇进行极限深度测试……

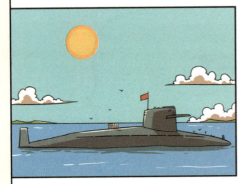

测试开始！

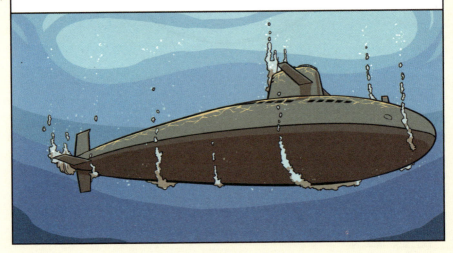

1988年4月29日，中国第一代核潜艇深潜实验成功，为中国核潜艇的发展掀开了崭新的一页。

第一节 从有海无防到"深海幽灵"出没

1894 年，中日甲午战争爆发。面对处心积虑呼啸而来的日本侵略者，清政府准备不足，仓促应战。

当时排名亚洲第一、世界第九的北洋水师，在指挥官

丁汝昌的指挥下勇往直前。然而，谁都没有想到，北洋水师最后惨败，败得好像从来没有排名第一。指挥官丁汝昌也含愤自杀。

　　从此，对西方国家来说，中国水域完全是大门敞开，他们可以随意进出。

　　从甲午战争到新中国成立，中国一直处于有海无防的状态。

　　但是到了今天，中国已经有了强大的海军力量，排名在世界的前列。

人民海军从无到有、由弱变强，是怎么做到的呢？

从一无所有到名列世界前茅，中国海军力量的发展史是一部逆袭史。

好了，在开始讲故事之前，我们先来看看中国的海军力量主要有哪些。

航空母舰：主要给舰载机提供起飞和降落的空间。

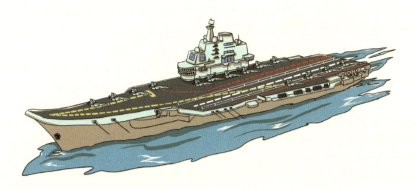

新型（核）潜艇：在水下进行各种军事活动。

新型驱逐舰：在水面进行打击敌军的军事活动。

新型战斗机：在高空对敌军武器进行打击等活动。

好了，搞清楚了这些，我们再来看看中国海军的起点。

1. 杨槱——知识的播种者

(yǒu)

说到中国海军力量的起点，需要提到一个人，那就是杨槱先生。

杨槱先生 1917 年出生在江苏，后来搬家到了广州。我们都知道广州不缺船，眼睛一瞟，水面上都是商船。杨槱 9 岁的时候第一次登上铁制轮船，小小年纪的他估计被这个轰隆隆的大家伙给震撼到了。

从此之后，他就迷恋上了船。

如果你以为这只是孩子一时的好奇心，那可就错了，他是认真的。高中二年级时，他写了篇文章——《广东造船简史》。为了实现理想，读完高中杨槱就去世界上最古老大学之一的格拉斯哥大学，攻读造船专业。

在学校，从看书到在船只加工厂干活，他比任何人都认真。

天才加上百分之百的努力，结果自然不用说，他成为学校的优秀毕业生。

毕业后的杨槱成了香饽饽，英国几个船厂抢着要他。然而他毅然回到了祖国，先是去了重庆的造船厂当工程师，后来又去美国学习造船，并在这期间接手了一个非常重要的项目：建造埃塞克斯级航空母舰等舰船。

埃塞克斯级航空母舰是美国海军隶下的一型航空母舰。正是通过这次学习，杨槱掌握了先进的造船技术和信息。

在国外学习多年，杨槱掌握了很多造船技术，于是开始疯狂输出：写书和教学。

他的两名学生将在未来成为海军力量的中流砥柱，那就是"中国核潜艇之父"黄旭华。

中国第一艘航空母舰"辽宁舰"总设计师朱英富。

杨槱前半生辗转各国游学，下半生把毕生所学留给国家，培养人才，为中国海军力量的发展开垦荒地，并播下了优质的种子。

接下来，就看他们的了。

2. 黄旭华——核潜艇的出世

在海军的主要力量中，核潜艇尤为重要，它被称为"水下杀器"。

因为需要在水下秘密进行各种活动，所以核潜艇技术的研发尤为困难。但是不要紧，总有人越过艰难险阻。

黄旭华，1926 年出生在广东，本来是乡医世家，然而到黄旭华这里，硬是活成了"流浪书生"。

他本来在广东读书，因为战乱，学校搬迁，于是他步行4天，转学去新学校。后来又步行两个月，去桂林读书，路上差点饿死；日寇逼近桂林，他又继续步行两个月，去往重庆读书。

我真是去求学，不是去取经。

我们的先辈们，就是在如此艰苦的条件下完成学业的。

最终，黄旭华成功考入了交通大学学习造船，就是在这里，他遇到了恩师杨槱先生。

　　在杨橹门下，黄旭华不仅学到了基础的造船知识，更接触到了关于核潜艇的技术知识。

　　1953 年，黄旭华终于毕业了。刚工作几年，1958 年，他接到了一项重大机密工作，去研制核潜艇。

不能告诉任何人！

对于黄旭华和他的同事们而言，这简直是个不可能完成的工作。为什么这么说呢？

1954 年，美国造出了第一艘"鹦鹉螺"号核潜艇；

1957 年，苏联也造出了第一艘核潜艇。

美、苏两大国刚刚造出来，又不让别人看，我们国家的科研人员甚至不知道核潜艇长啥样，你说这事儿有多难？

我既没吃过猪肉，也没见过猪跑。

那怎么办呢？大家决定先搞清楚核潜艇长什么样子。既然没有真的东西看，那就找个假的先看看。于是他们从美国买回一个核潜艇的玩具模型。

一个模型能看出来的东西实在有限，于是他们每天翻阅美国的报纸和书籍，从中搜索相关的信息，然后整理出来。

　　经过三年的琢磨，黄旭华和他的同事们终于搞清楚核潜艇是什么了。

　　可是要把核潜艇造出来，困难重重，首先就是计算的问题。1961年的时候，美、苏已经有了计算机，但是我们没有。怎么办？不要紧，老祖宗给我们留了一手。

于是大家拿出老祖宗发明的算盘。三个算盘先生一起算，数据一样可以用，但只要有一个不对，就要全部推倒重来。

核潜艇的结构模型也是个问题。放到现在，用电脑搞个模型图是分分钟的事儿，但在当时只有笔和纸，怎么搞？

大家再一次动用了中国的神秘力量，他们找了个老木匠，打算做一个模型。

于是老木匠敲敲打打三年，终于做出了十分完整和逼真的模型。

凭借古老的智慧，我们终于搞定了数据以及模型的问题。如果当时被西方人看到了，绝对会被这种古老的东方智慧征服。

1968 年 11 月 23 日，在确定了大致框架后，设计团队移师北方某军港，正式开工建造核潜艇。两年后，中国的第一艘核潜艇下水。

　　到了 1974 年，第一艘核潜艇长征一号正式列入海军战斗序列，中国终于有了自己的核潜艇。然而这时候的核潜艇还有很大的问题。什么问题呢？当时美国是这样嘲笑我们的：

你们的潜艇一开动，在夏威夷都能听见。

Hawai

噪音太大的确是个大问题。水下这么大的响动，就不是水下杀器而是水下赛车了，战斗力自然不行。于是大家接着想办法搞定静音技术，为此还专门跑去德国求教。

问题没解决，但好歹知道麻烦出在哪儿了。技术组开始埋头苦干，5 年后终于搞定。

其实这个问题，当时的德国也没有完美解决，后来中国团队再次去交流时，他们拿出图纸恭恭敬敬地向我们请教。

我们知道，藏潜艇跟藏人一样，藏得越深越安全。所以，1988年国家开始测试极限深度。

有个物理常识，大家都知道——入水越深，需要承受的压力就越大。

140

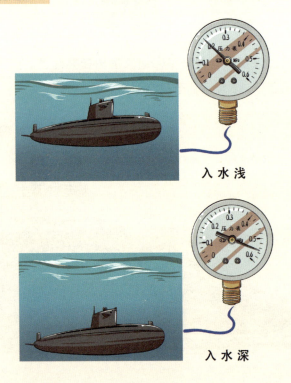

入水浅

入水深

所以潜艇对材质等方面的要求非常高。在 200 ～ 300 米的深处，一张扑克牌大小的钢板就得承受 1 吨多的水压。一条焊缝、一条管道、一个阀门承受不住海水压力，都有可能导致大灾难。

　　所以当时参加测试的人都怀抱着随时牺牲的决心，甚至写下了遗书。测试最终大获成功，这艘 091 型核潜艇下潜深度达到了 200 ～ 300 米。

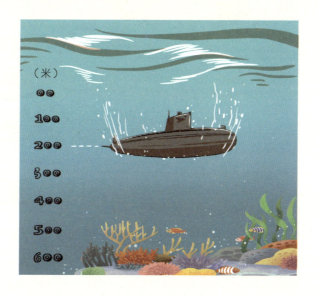

　　核潜艇安全出水后，黄旭华像个孩子一样开心地奔跑。

　　不过，这个深度跟美国和苏联的核潜艇下潜深度相比，还有很大的差距。苏联和美国的核潜艇当时的下潜深度已经达到 600 米。

存在这样的差距，是再正常不过的事情，这就好比一个刚站起来走路的小孩没法比十几岁的小孩走得快，就是这个道理。

造成这种差距的原因，主要还是在材料的研发上：苏联用的是钛合金等材料；美国用的是特殊的 HY-80 特种钢材。近几年，我们国家也研制出了"超级钢材"，如果能成功应用，中国核潜艇的性能会更进一步。

发展到 2018 年，中国海军力量已不容小觑：有弹道导弹核潜艇；

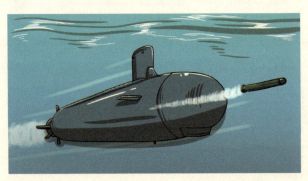

攻击型核潜艇；

常规动力潜艇。

而之前的一系列问题，比如噪音、动力等方面的问题都

得到了解决，从前的"深海摩托车"，也变成了不见其身、不闻其声的"深海幽灵"。

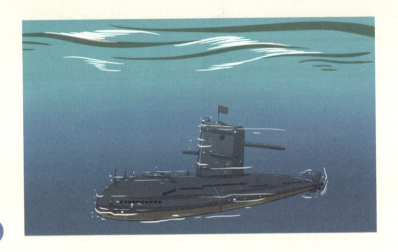

从 1958 年到 2018 年，黄旭华等第一代核潜艇人，已经长跑了整整 60 年。

在这 60 年的一半时间里，黄老因为涉及国家安全工作，他的家人始终不知道他在哪里、在做什么。

他的父亲直到去世，都不知道儿子在做什么工作。而他的母亲在 90 多岁时，才从杂志上知道儿子是干什么的。

不只是黄旭华老先生，还有无数个科研工作者都是如此……

他们隐姓埋名，牺牲亲情，把此生大好年华都奉献给了祖国。

第二节　航母诞生记

前文中我们说到，黄旭华的求学生涯完全是一部"流浪书生记"。就在这个时期，在浙江宁波，朱英富出生了。

比起黄老的流浪求学，朱老的求学生涯相对来说顺风顺水。他一路考学，来到了恩师杨槱的面前。

估计杨槱也没有想到，自己的这个学生将来会成为中国海军史上最伟大的人物之一，中国第一艘航空母舰"辽宁舰"的总设计师。

1. 从驱逐舰中成长起来

我们把历史的时钟先拨回到 1949 年。当时国家刚从战争中走出来，可以说是穷得叮当响。

当时海军司令员去山东刘公岛视察时，连艘像样的船都没有。

不难看出，当时海军真是一无所有。

到了 1954 年，中国从苏联引进了 4 艘导弹驱逐舰，这就是中国海军的开始。

大家都知道，凡事都要靠自己。于是，中国走上了一边模仿外国技术一边自己搞研发的道路。最先研发出来的是 65 型火炮护卫舰。

　　这是一艘中型战舰，重达 1000 多吨，是中国自行设计、制造的第一艘护卫舰。这也意味着中国终于可以自主研发了。

65 型火炮护卫舰虽然与世界同类舰艇相比仍有较大差距，但它各方面的能力，足以在南海震慑周边势力。

他们这战舰打不过，快撤，快撤！

讲到这里，我们有必要简单介绍一下 65 型火炮护卫舰的设计单位 701 研究所，也就是中国舰船研究设计中心。这里"大神"无数，其中就有"中国导弹驱逐舰之父"潘镜芙。

1966 年，潘老开始设计 051 型驱逐舰，这也是我国的第一艘驱逐舰。由于是第一艘，所以这艘战舰在作战时长、动力系统方面都比较落后，不是很适合远洋作战。

很快，潘老开始了第二代 052 型驱逐舰的研发。因为有了之前 051 失败的前车之鉴，这一次有了很大的进步。

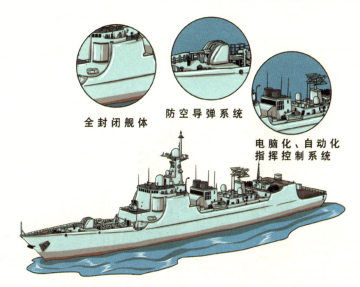

全封闭舰体　　防空导弹系统

电脑化、自动化
指挥控制系统

052 的研发，意味着我们在舰艇的研发上摆脱了老旧的理念，有了新的设计思路，这点尤其重要。

之后，我国的驱逐舰一直在此基础上不断创新和迭代。

051 后续型号有 051D、051Z、051DT、051G 等共 17 艘战舰，它们组成驱逐舰家族，成为那个年代中国水面舰艇的中坚力量。

就在潘老埋头研究 051、052 之际，朱英富也没有闲着，他也在努力成长。在 1982 ～ 1984 年期间，他还去美国学习了两年。积累了这么久，是该上场练练了。

1990 年，朱英富设计了一款 F25T 型护卫舰。这艘护卫舰是为泰国量身打造的，但是要求很高。

这并没有难倒朱英富，他不仅搞定，而且是超预期搞定，护卫舰在各方面的性能都属于上乘，是妥妥的好货。

这意味着中国也有了出口护卫舰的资格。更重要的是，我国的护卫舰也可以照着这个模板调整生产。

朱英富一战成名，所以很快，1996 年时，他开始主持新型的驱逐舰设计，它们是：052B 型；

052C 型。

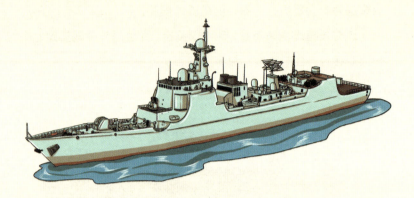

　　这两个型号的驱逐舰，已经达到了世界先进水准，而且还有了新的功能。

　　是的，它们在执行防空任务时，还可以保护其他战舰。

052C 因装备有和美国宙斯盾系统类似的垂直导弹发射系统，还被大家称为"中华神盾"。

052B 和 052C 的成功研制，意味着我国的舰艇技术已经名列世界前茅，也使我国成为世界上第三个能自主研制防空型驱逐舰的国家。

自主研制防空型驱逐舰

创造了如此多的亮眼成绩，格外优秀的朱老引起了大家的注意。正好，当时有一个很重要的活儿——建造航母。

　　航空母舰是在艰难曲折中熬出了成功。2004年接到任务时，朱英富已经是个64岁的小老头了，但他干劲十足。

2. 艰难曲折中熬出成功

　　航空母舰是一种以搭载舰载机为主要武器的军舰，在第一次世界大战期间，它发挥了很重要的作用。自此之后，各国纷纷造航母，搞赛跑。

　　但是发展至今，拥有航母的并不多，只有十个指头加一的 11 个国家：

由此可见，航母的建造并不容易。刚开干不久，就迎来了第一个困难：我们没有用来造航母的特种钢材。这种钢材的要求极高——要抵御海水的腐蚀；

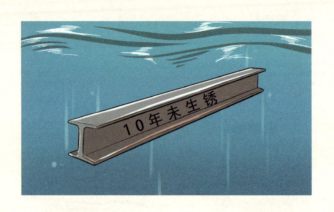

　　还要做到零磁力，探测器探测不到。

当时，这种钢材只有美、俄、日、德四个国家能生产出来，于是我们去找俄罗斯买技术。

结果嘛……

吃了闭门羹后，朱英富一狠心，决定自己研究技术。终于，功夫不负有心人，三年后，特种钢材技术搞定了。

材料刚搞定，其他难题又接踵而至。我们知道，组成甲板的钢板面积越大、数量越少越好，这样航母的结构就越牢固，这就好比：

根据当时的条件，我们没法造出航母所要求的大钢板。怎么办？

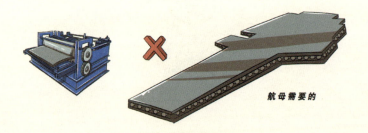

航母需要的

朱老认为要从源头上解决问题。于是在他的指挥下，科技人员又开始吭哧吭哧地研发轧钢板的轧机，结果"惊喜"了，一不小心，竟然搞出了世界上最大的轧机，这台轧机能轧出宽 5.5 米、长 40 米的钢板。

终于，历经 7 年时间，2012 年 9 月，中国第一艘航母入列海军，也就是我们熟知的辽宁舰航母。

航母建成之后，还需要进行演练，2013 年 11 月，辽宁舰从青岛开到南海，展开为期 37 天的海上综合演练。当 10 多架歼 -15 舰载战斗机安全降落在航母甲板上时，意味着中国海军步入了航母时代。

在丁汝昌吞鸦片自尽 124 年后，英国智库国际战略研究所（IISS）发布《2018 全球军事力量》，根据各国海军现役舰艇统计数据，预测世界前五强海军如下：

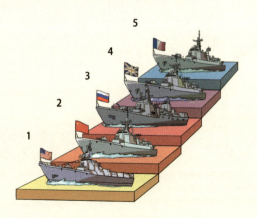

中国海军实力大幅上升。

虽然距离第一的实力还有很大的差距，但是海军力量依旧在不断奋发图强——这就是中国力量。

虽然我们在这里只提到了杨槱、黄旭华、朱英富与潘镜芙的名字，但他们代表着这一代无数不懈追求的科研工作者。

多少默默无闻的人在深夜里计算着数据，测量着尺寸，勾画着图纸，正是有这些伟大的人的存在，我们才得以在海洋世界真正站立起来。

第四章

导弹与
两弹一星篇

1967年，我国第一颗氢弹爆炸成功。为了升级技术，搞完导弹的郭永怀也加入了研究氢弹的行列。

郭永怀

1968年，他从西北去北京开会。

第二天凌晨，飞机缓缓驶向首都机场。

1968 年，年近 60 岁的郭永怀，在飞机失事时用自己的血肉之躯护住了热核导弹氢弹升级的研发资料，正是这些资料成就了中国热核导弹飞跃式的发展。

第一节　导弹的诞生

一个现代化的国家，如果没有自己的核力量就不能有真正的独立。

1945 年 8 月 6 日，美国在日本广岛投下一颗原子弹。短短三天后，又在日本长崎投下另一颗原子弹。

无疑，全世界都被这两颗原子弹巨大的威力所震撼。

面对这样高端的武器，以及第二次世界大战留下的阴影，全世界开始了尖端武器研发的赛跑。新中国成立后，我们也不能落后。

要讲导弹的诞生，我们不能不讲一个人：钱学森。

1. 钱学森的"成神"之路

　　钱学森，1911 年出生在上海。他家境殷实，而且是天生读书的料，一路砍瓜切菜般，以第三名的成绩考取当时的交通大学机械工程学院。

交通大学是西安交通大学、上海交通大学、北京交通大学、西南交通大学、新竹交通大学的前身。

171

只是考上大学不足以说明什么叫天生读书的料，真正的"大神"是别人在疯狂刷题，他却在悄悄看课外书，最后还能轻松拿到 90 分。

然而，老虎也有打盹的时候。钱学森以专业第一名的优异成绩毕业后，去参加"庚子赔款赴美留学"的考试，却惨遭滑铁卢。

数学竟然没有及格。好在，有门航空工程的课程拿了 87 分。就是这个 87 分，吸引了清华大学叶企孙院长的关注。

歪打正着，钱学森被破格录取，踏上了去美国留学的轮船。

在美国，钱学森的学霸特质展现无遗，在麻省理工学院仅仅学习一年，就拿下了航空工业的硕士学位。学成后，年仅25岁的钱学森拜在"超声速时代之父"冯·卡门的门下。

谁也没想到，这俩师徒，将会在未来叱咤航空界。

在恩师卡门这里，钱学森不仅学到了丰富的理论知识，而且在他的担保下，参与了美国海、陆、空等武器装备的研发，尤其是深度参与了美国火箭的研制。

1945 年，德国战败。美国派出一支顶尖科学组去"提审"德国火箭专家，钱学森也是其中一员。他面对的是当时世界上数一数二的科学家，比如近代力学的奠基人之一普朗特、德国火箭之王沃纳·冯·布劳恩。

其实这相当于火箭研发人员中的第二代和第三代联手审讯第一代。

当然，审讯出的这些秘籍，最终被包括钱学森在内的第二代和第三代慢慢吸收。

吸收完这些秘籍，年仅 36 岁的钱学森成为麻省理工学

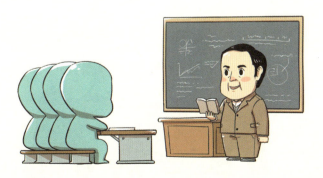

院史上最年轻的教授之一。

　　奋斗多年，钱学森终于事业大有所成，然后就是成家了。

　　1947 年 5 月，钱学森和中国女高音歌唱家蒋英结婚。

　　成家立业的钱学森继续在美国从事研究工作，但很快，美国发生了一件事：麦卡锡主义崛起。简单来说，就是美国开始大肆迫害共产党和一些进步人士，钱学森莫名其妙被卷入其中。

钱学森的研究因此被迫中断，从事机密研究工作的执照也被吊销。既然什么都做不成，而且此时新中国成立，钱学森打算回国。

然而，美国移民局扣押了他的行李，FBI秘密逮捕了他，并将他关在特米那岛监狱。

在监狱，钱学森遭到非人的折磨：每15分钟就被探照灯照射一次，压根儿不让他休息。

好在加州理工学院院长等人没有放弃他，他们积极营救，最终以1.5万美元将钱学森保释出来。走出监狱时，钱学森已经被折磨得不会说话了。

但这事儿还没完，由于钱学森参加过很多机密工作，素来标榜"民主、自由"的美国，无理由地对他进行了长达 5 年的软禁。

迫不得已，蒋英只好向祖国求助。1955 年，在周恩来总理的指示下，王炳南和美国方面进行了谈判。

两个星期后，钱学森接到好消息：他可以回国了！

在他离开之前，加州理工学院和美国海军次长金贝尔劝说钱学森留下，而且给出特别诱人的条件，但都被钱学森拒绝了。

1955 年 9 月 17 日，钱学森放弃了美国的优厚待遇，带着妻子和两个孩子启程回国。

后来海军次长金贝尔这样说：

放钱学森回中国，是美国当时做过的最愚蠢的事。

2. 内外交困的导弹研发之路

　　钱学森回国当然不是种苹果的。1956 年 2 月，他给国务院写了一份报告——《建立我国国防航空工业的意见书》。

　　国家很重视这份意见，开始筹备导弹研制工作。搞导弹，得先有机构，1956 年 10 月，国防部第五研究院成立。几个月后，钱学森被任命为研究院院长。

由于有苏联的援助，研究院的工作刚开始一切都很顺利。在 1956 年 12 月，苏联的 P-2 导弹运抵满洲里，但它还需要组装。钱学森把这个活儿派给了任新民。

这也是位天才少年。他用短短 3 年，就拿到美国密歇根大学的硕士和博士学位。

任新民开始大展身手。然而谁都没有想到，此后不久中苏关系破裂，苏联撤走了所有援华科学技术人员和各个领域的专家学者。

P-2 导弹的组装也出现了致命问题——中方购买的导弹发动机零件不能交付。

看来这条路是行不通了。怎么办？钱学森决定改变思路，重新制定系统。于是，他把导弹液氧的制造工作交给了吉林化肥厂，想用国产燃料发射导弹。这一举措被苏联专家嘲笑。

苏联人错了！中国人生产的燃料行得很。1960 年 11 月 5 日，东风一号导弹从发射塔上拔地而起，沿着预定弹道向目标点飞去。

10 分钟后，弹头准确落在预设目标点附近。东风一号发射成功！

虽然这次发射成功了，但仍然有需要努力的地方——东风一号的射程只有 600 公里。

于是，东风 2 号被提上日程。科研人员废寝忘食，在无数次通宵达旦后，第一枚东风 2 号顺利出厂！

关键的试射时刻来了。1962 年 3 月 21 日，东风 2 号从酒泉发射场发射升空。

　　然而，导弹很快失控，随即坠毁在距离塔架仅 600 米的戈壁中，砸出了直径 30 米的大坑。

面对这个巨坑，东风 2 号导弹总设计师林津流泪了。

出了这么大的事儿，钱学森立马带着技术人员跑到发射基地，顶着戈壁严寒收集残骸，分析故障原因。

经过 3 个月的分析，钱学森和小组分析出故障原因并做出了改进方案。很快，一枚崭新的东风 2 号诞生。

然而在发射前的几天又出了点意外。

事情是这样的，产品造完后需要完成装配、测试，然后重新包装，运到发射基地。其中需要测试、安装的有 4 个陀螺，它们长得一模一样。

由于时间紧张，当时的车间主任向负责人建议只安装一个就好了，其余的 3 个等到达后再安装。

结果万万没想到，导弹运送过去后，有一个陀螺竟安装不上了。

情况紧急，负责人只能立刻向钱学森汇报。钱学森听后，一言不发到车间默默盯着车间师傅装配零件。

　　直到安装成功，钱学森才起身，一脸严肃地离开。而他身后的负责人，居然号啕大哭起来。

　　这位年轻的负责人是钱学森的学生，也是后来的中国卫星之父：孙家栋。

　　这一次，东风 2 号成功发射。

　　有了东风一号和东风 2 号的成功经验，很快，东风 3 号也研发成功。这是我们自主研发和制造的第一款中程导弹，射程已经达到 2800 公里。

　　沙特阿拉伯还专门从中国购买了一批东风 3 号，这也为沙特阿拉伯换来了一段时期的和平。

1970 年，有了东风 4 号，射程为 5000 公里。

射程5000公里

1980 年，有了东风 5 号，射程为 9000 公里。

射程9000公里

　　再后来，就是东风 31、东风 41 这些闻名世界的"东风快递"了。可见中国导弹发展速度之快。

　　发展到今天，我们已经拥有了功能齐全的各种导弹，比如用来反舰艇的鹰击系列；

用来地对空的红旗系列；

还有用来反坦克的红箭系列。

细分下去还有很多，这些就是钱学森和先辈们种下的导弹"苹果"。

　　与此同时，其他先辈也在夜以继日地研制其他尖端武器。

第二节　原子弹和氢弹的诞生

我们在上文中讲过，1960 年，中苏关系破裂，苏联撤走了所有的援华科技人员。后来大家在整理苏联专家留下的资料时，发现了一份绝密资料。

1. 王淦昌是谁？

王淦昌，中国核物理学家，"两弹一星"元勋。

1907 年，王淦昌出生在江苏常熟。这也是一位"大神"，清华大学毕业后，他去了德国柏林大学威廉皇家化学研究所继续深造。

在这里，他和钱学森一样，遇到了一位"大神"——莉泽·迈特纳，当时世界级的核物理学家。

当然王淦昌也是天才人物。他究竟有多强呢？他曾两次和诺贝尔物理学奖擦肩而过。

王淦昌在读研究生期间，提出了新的证实中子的实验方法。他还没来得及做呢，有人捷足先登。英国科学家查德威克采用王淦昌的实验方法做了一系列实验，证实了中子的存在，因此获得了诺贝尔物理学奖。

这是第一次擦肩而过。

1941 年，王淦昌在一篇关于中微子的论文中讲了发现中微子的方法。美国阿伦通过这个方法证明了中微子存在的基础。这个测试方法，后来被称为"王 – 阿伦方法"。

10 多年后，美国科学家莱因斯在一座核反应堆中第一次捕捉到了中微子，并因此获得诺贝尔物理学奖。

再一次地，王淦昌和诺贝尔物理学奖擦肩而过。

这个故事告诉我们，有发现就要立即行动，拖延症可要不得。

但不要紧，对王淦昌来说重要的不是奖项，而是对科研的一腔热爱。

1956 年，王淦昌到苏联去研究粒子。1959 年，他领导的小组发现了一种反物质——反西格玛负超子。

但就在这个节骨眼上，天才王淦昌突然失踪。

为何突然失踪？因为中苏关系破裂，国家紧急召回。他临危受命，连夜赶回祖国。

很快，他接受了一项重大任务：参与中国原子弹的研究工作。

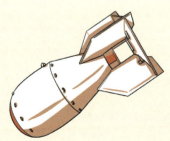

王淦昌化名"王京"，坐上解放军的汽车，向西北大漠的罗布泊挺进，目标——核武器研制工程。

将要和王淦昌一起奋斗的还有这两位：

郭永怀（钱学森的同门师兄弟）；

彭桓武（师从德国理论物理学家马克思·玻恩）。

他们三人一起组成了中国核武器研制最初的三大支柱。

王淦昌负责核物理实验学，彭桓武负责核理论物理学，郭永怀负责弹体设计和引爆方式等一系列力学。

除此之外，还有两个学生——"娃娃博士"邓稼先；

中国氢弹之父于敏。

　　5 位未来的大师在大西北的军车里颠得七零八落。他们穿过茫茫戈壁，一路向西，5 个人都没有想到，这一去就是好多年。

从此，他们开始了艰苦的研制之路。

2. 大漠中的艰难摸索

刚刚开建的核基地条件特别艰苦。由于地处海拔 3200
米的高原，工作人员首先要克服高原反应。

王淦昌背着氧气袋，从车间到实验室再到试验场地，
爬上爬下地指导工作。

为了保证不出错，他对每个技术环节和每个数据都要进行把关，甚至连实验场雷管安装这样的小事都要亲自监督。

对科学家们的考验不仅是智商上的，更是身体素质上的。首先是吃饭问题。当时正赶上"三年困难时期"，大家经常开水泡冷馒头再加点咸菜就是一顿饭了。

其次是穿衣问题，大西北最难熬的就是冬天，最低气温能到零下 30 多摄氏度，这是什么概念？泼水立马成冰，连呼出的气也能冻住。

为了保暖，大家穿上了老羊皮制成的地勤服。但这款地勤服尺码偏小，郭永怀身材高瘦，没有他能穿的尺寸。没办法，他只能"挑战极限"。

保暖全靠抖。

除了这些难题，最难的还是原子弹研究工作本身。为了验证苏联专家在华期间讲过的一个关键数据，邓稼先等人进行了 9 次计算，解了几万个方程，计算用的纸张用麻袋堆了一屋子。

经过几个月的埋头苦干，邓稼先带领的理论部终于得出了准确的数据，推翻了苏联专家给出的数据。

数据有了，爆炸方式最后确定采用铀 235 核内爆方式，这比美、苏等国的第一颗原子弹有了很大的进步。

说到不如做到，要做就做更好！

可难题来了，原子弹核心部件是一个铀球，加工精确度要精确到小数点后三位。当时又没有数控机床，那怎么办？只能靠人工手磨了。

这是人能做出来的吗？

单靠几个人做，成功概率比较小。于是，大家决定让戈壁滩上的 2000 多名车工进行技术比武擂台赛。当时已是六级车工的原公浦加入了技术比武的行列。

为了节省原料，原公浦先拿钢球练习。半年的时间里，经原公浦加工过的钢球堆成了小山。经过这些磨炼，他的技术日益精纯。

1964 年 4 月 30 日的半夜，原公浦在屏息中车完最后三刀，成功！

因为这关键的三刀，原公浦被大家亲切地称为"原三刀"。
后来，原公浦在做自我介绍的时候，依然会说：

我姓原，原子弹的原。

终于，第一颗原子弹的所有准备工作都完成了。此时，已经57岁的王淦昌亲自坐着吊车，到爆炸塔顶对装置进行验收。

一切就绪，1964 年 10 月 16 日下午，中国第一颗原子弹爆炸成功。

　　这次成功让大家信心倍增，于是大家开始探索更多可能性。探索什么呢？氢弹！

3. 胖子和秃子的氢弹计划

　　当时我们的第一个想法就是将两弹结合，也就是把核弹头装到导弹上。

　　因为这个核弹头需要的体积和重量都要大大缩小，所以研制过程更复杂，难度更大。为此，当时的国务院副总理聂

荣臻提议，这项任务由钱学森和钱三强共同主持推进。

　　果然"二钱"联合出"神迹"。仅用一年时间，导弹和核弹结合的问题就解决了。接下来是让人提心吊胆的实验阶段。

　　为什么这次实验让人格外慌呢？因为此次核弹的爆炸威力特别巨大，像美国、苏联搞实验，都是把核弹打到荒无人烟的海岛。但是我们只能打在国土上，稍有误差，就会造成人民生命财产的巨大损失。

　　1966 年 10 月 27日，核弹头飞行近 900千米后，终于在新疆罗布泊的预定高度爆炸。其威力震撼了大家。有多大呢？1.2 万吨TNT 当量。

要知道，当年美国投掷到广岛的原子弹威力是 1.5 万吨 TNT 当量。

这样的威力使中国再也没有进行过这项实验。

另一边，邓稼先和于敏又接到聂帅的命令，开始了氢弹的设计。

邓稼先和于敏是老同事了，俩人配合非常默契。再加上邓稼先中年发福，于敏谢顶很早，所以大家说他们的组合是"一个身子两个脑袋"。

比起原子弹，氢弹更复杂，尤其在计算这方面。大量的计算很让人头秃，怎么办呢？当时国内只有 2 台每秒运算 5 万次的计算机，一台在中科院，另一台在上海华东计算所。于是，于敏跑去上海华东计算所"上班"。

经过三个多月奋战，他终于搞定了氢弹所有的理论方案。

然而，外面风云突变，邓稼先和于敏被下放到青海，天天被逼交代各种问题。

王淦昌和郭永怀等人，也没有逃过此劫。

后来，杨振宁回国，才把邓稼先给救出来。

他们没有抱怨，怀揣以身许国的梦想，依然牵挂着自己为之努力和奋斗的事业。

终于，1967 年 6 月 17 日，我国第一颗氢弹爆炸成功。

本来设计的爆炸量是 100 万吨 TNT 当量，但实际爆炸量为 330 万吨 TNT 当量，大大超过原来的设想。

氢弹研制成功后，国家并没有止步于此。为了进一步升级技术，搞完导弹的郭永怀也加入了进来。

1968年的一天，郭永怀要从西北赶往北京参加会议。飞机从兰州起飞，他的妻子李佩在家等他。

　　然而，李佩整整等了一天，也没有等到丈夫。

　　正如开篇漫画所讲，飞机失事，郭永怀用生命保护了氢弹升级的最新资料。依据这份最新资料，中国又一枚热核导弹试验成功！这是郭永怀用血肉之躯铸成的。

　　老一辈科学家们的故事还没有完。接下来我们要讲的是人造卫星诞生史。

第三节　人造地球卫星的诞生

有了导弹和原子弹，国家把目光转向了人造卫星。人造地球卫星的优点是能同时处理大量的信息，并将其传送到世界的各个角落。

1967 年，在钱学森的推荐下，他的弟子孙家栋担任我国第一颗人造地球卫星的总负责人。

此时的孙家栋才 38 岁。一上来，他就面临一个十分棘手的难题——没有团队，没有机构。

当时正值"文革"，有的行政机关被迫关门，一些专家和技术人员要么被下放，要么遭受各种折磨。

就在这时，聂帅挺身而出，并在钱学森的帮助下选出了18名专家和技术人员。这便是中国卫星史上著名的航天卫星十八勇士。

有了团队，孙家栋带领大家开干。不愧是钱老的弟子，短短两年，东方红一号各系统的研制工作就完成了。

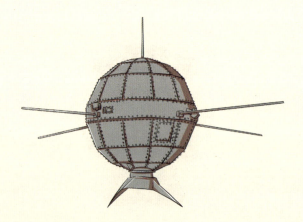

但研究人员很快遇到了一个棘手的政治问题——当时许多仪器上要镶嵌毛主席金属像章。这样一来，可能导致仪器局部发热，进而让卫星运动角度受到影响。

此外，像章还会增加卫星的整体重量，让本就不富裕的运载量更加吃紧。

因政治问题引发的卫星技术问题，怎么办？

孙家栋向周总理汇报了这一情况。总理听完后表示，搞卫星一定要讲科学，要有科学态度。

这一难题解决后，1970年，东方红一号卫星成功发射。

这意味着中国成为世界上第 5 个能独立研制和发射卫星的国家，宣告中国进入航天时代。

我们知道，卫星发射是难题，回收也是一项难题。孙家栋带着团队继续攻克这一难题。

1975 年 11 月 26 日，长征二号火箭成功发射我国第一颗返回式卫星。三天后，卫星成功收回。

至此，中国成为世界上第三个掌握卫星回收技术的国家。

尽管起步晚，但每一次都能奋力追赶，这就是中国科学家们自强不息的精神和百折不挠的韧性。

很快，孙家栋迎来新的任务：发展中国通信卫星计划。他再次担任总负责人。

然而，成长不会一帆风顺，总会有失败和挫折。

1984 年 1 月 26 日，东方红二号实验通信卫星将在我国西昌发射。这次是由加注液氢液氧燃料的长征三号火箭发射。

加注这种燃料，如果操作不当就很容易导致泄露，氢氧混合物极易引发爆炸，进而造成毁灭性的灾难。

因此，有些技术人员还特意写下遗书。

这是发射站发射测试室主任李联林写给妻子和女儿的信。

大家都做好了最坏的打算。1月26日下午3点，发射进入5小时倒计时程序，李联林也在紧张地进行最后一次检查。只要检查无误，就要开始加注液氢液氧。然而他突然发现，火箭平台出现了很不稳定的现象。

等一等，有情况！

发射程序立即被叫停，上级决定待全面检修后再择日发射。

三天后，东方红二号卫星又一次进入发射程序。随着指挥员一声令下，携带着东方红二号的长征三号火箭腾空而起。然而遗憾的是，这次发射没有成功。

火箭在升空过程中，第三级火箭因故障未能成功点火，卫星没能成功入轨，此次发射失败。

科研人员们顶着巨大的压力夜以继日检查问题。

终于，短暂的两个月后，1984 年 4 月 8 日傍晚时分，长征三号火箭携带卫星成功起飞，奔向 36000 公里外的太空。

这意味着中国成为世界上第三个掌握液氢液氧发动机技术的国家。

看，中国人总能在艰难困苦中创造奇迹。

自此，中国航天力量的发展势不可挡。

2007 年 10 月 24 日，嫦娥一号发射成功。已经 80 岁的总设计师孙家栋拥抱着探月工程首席科学家欧阳自远和工程总指挥栾恩杰泪流满面。

2010 年 10 月 1 日，嫦娥二号发射成功。

2013 年 12 月 2 日，嫦娥三号发射成功。

2018 年 12 月，嫦娥四号发射成功。

这意味着，中国搞定了世界首个能在月球背面软着陆并巡视探测的航天器。

中国航天的故事，还在继续。

邓稼先由于在寻找失败核弹时冒着生命危险用手捧过放射性材料，患上直肠癌，于 1986 年 7 月 29 日去世。

1998 年 12 月 10 日，王淦昌病逝，享年 91 岁。

2009 年 10 月 31 日，钱学森病逝，三军仪仗队为其抬棺，10 万人前来送别。

2017 年 2 月 12 日，任新民以 102 岁高龄去世。

2019 年 1 月 16 日，于敏去世，此前他曾被评为"100 名改革开放杰出贡献对象"之首。

2021 年 7 月，92 岁的孙家栋坐着轮椅出席了北斗三号全球卫星导航系统建成开通仪式。

这一批伟大的科学家，几乎燃尽了自己的生命，守卫着共和国的国土安全。

　　每一位先辈，如满天散落的繁星，已深深融到中国历史的星空里，照耀着年轻一代继续奔向星辰大海。

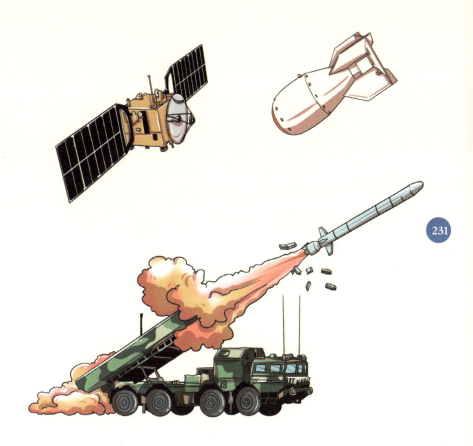

第五章

芯片篇

2009年，在台积电创始人张忠谋的绞杀下，张汝京不得不离开中芯国际。而中芯国际也将迎来至暗时刻……

第一节　双雄成长记

芯片，大家都知道。

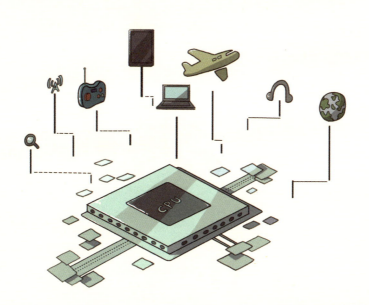

小小一颗，大大的功能。不管我们是耍手机、玩游戏，还是出门坐飞机，都不能没有它。

所以说，现代科技的发展，芯片是命脉。纵观中国芯片技术发展史，我们要突破的不仅有技术，更有各方敌对势力的围追堵截。

在了解这段波澜壮阔的历史之前，我们先来认识两个人。

1949 年，解放战争后期，国民党残余势力败退台湾。其中一艘船上，有一对搞技术的夫妻，两人还带了一个不满一岁的小孩。

这个小孩叫张汝京，未来成为中芯国际创始人。

张汝京

与此同时，一个 17 岁的宁波孩子，乘船从上海出发，去香港求学。这个男孩叫张忠谋，未来是台积电的创始人。

张忠谋

几十年后，这两个男孩，不仅成了中国芯片史上的风云人物，彼此之间更是掀起了一场场纷争。

我们先来看看张忠谋的故事。

1. 考博失败的幸运儿

　　张忠谋在香港待了几个月后，就去了美国哈佛大学读书，学成后又去麻省理工学院读硕士。虽然有在两座世界名校学习的经历傍身，他却并不满足于此。

　　他决定继续考博，结果失败了两次。

下次一定考过。

俗话说，塞翁失马，焉知非福。张忠谋虽然两度考博失败，但正是这两次失败，给他带来了这一辈子最大的幸运。

遇事儿别慌，让子弹飞一会儿。

所以说凡事福祸相依。

为什么说是幸运呢？张忠谋考博不成，只好出来找工作，当时他有两个选择：搞汽车的福特和搞半导体的希凡尼亚。

虽然仅是 1 美元之差，张忠谋还是选择了工资更高的希凡尼亚。

张忠谋要强的个性，让他在工作中很快脱颖而出，希凡尼亚似乎已经容不下这尊“大佛”了。于是他去了更大的舞台：德州仪器。

德州仪器，名字平平无奇，但是实力超群，芯片技术当时排名世界第一，而且还培养了很多芯片行业大佬。比如，集成电路的发明者之一——杰克·基尔比。

在这一众大佬面前，张忠谋只是6万名员工中默默"搬砖"的一名吗？并不是！

他很快成长为德州仪器三把手，也就是副总裁。而且这位副总裁很不一般，当时美国有媒体这样说："张是让竞争对手都发抖的人。"可见，张忠谋有多强。

一家公司有强大的战友，也必然会有猪一样的队友。很快，张忠谋就见识到了。

事情是这样，20世纪70年代，电子产品开始蓬勃发展。在公司发展方向的问题上，张忠谋和二把手夏柏产生了冲突。

两人的想法始终没法达成一致，怎么办呢？张忠谋于是转身投入通用仪器门下。

在通用仪器，张忠谋成了总裁，一上任他就开始大刀阔斧地改革。

无数的历史故事告诉我们，改革这事儿，阻力永远非常大。于是乎，在众多高层的压力之下，张忠谋出局。

好嘛！正中别人下怀。谁的下怀？

讲到这里，我们不得不讲讲当时我国台湾地区的情况。

话说蒋介石去世后，蒋经国接班主持工作，一心准备搞经济。怎么搞呢？由于台湾地区航运发达而且人口众多，发展出口加工产业再合适不过。

方向对了，台湾地区经济迅速腾飞。但总有人不让你好过，谁呢？美国。懂点经济学的人都知道，20 世纪 70 年代末期，美国财政出现问题，于是和日本、英国、联邦德国、法国签了份协议——《广场协议》。

这次协议把日本推下了水，使日本房地产泡沫破裂，经济陷入停滞。周边国家没了钱，生产出的东西谁买？于是蒋经国换了发展经济的思路。

搞基建好说，但科技升级可不简单，需要一个懂技术有能力的带头人。找谁好呢？当时台湾当局管行政事务的一个官员，叫作孙运璇，他盯上了张忠谋。

此时的张忠谋还在德州仪器，正跟管理层闹不合呢。尽管这样，他还是拒绝了邀请。

后来他在通用仪器再次吃瘪，台湾那边又一次发出邀请。

249

这一次，张忠谋或者是已经实现了财富自由，又或者是想要大展身手，搞一番事业，他竟然愉快地来了。

我来了！

就这样，经过一波三折，在外学习多年、从业多年的一名老将来到了台湾地区。那他接下来做了什么呢？

聊到这里，我们先转过头来看看当年的那个婴儿——张汝京。张忠谋风风火火地干事业的时候，他又在做什么呢？

2. 一个跨专业的建厂能手

张汝京来到台湾地区后，就开始了乖乖上学的日子。在台湾大学念完书，他又去了美国求学，攻读工程学硕士和电子学专业博士。

博士毕业后，张汝京加入了求职大军，结果你猜怎么着？

历史就是这么巧合，张汝京也入职了德州仪器。那时的张忠谋已经是公司的三把手。但张汝京也不弱，很快便崭露头角。

尽管张汝京的技术水平不是最棒的，但他有着两种更稀缺的能力：统筹和协调。

他先后参与了 9 家大型芯片厂的建设，成为业内公认的"建厂高手"。

就在张汝京一心一意建厂时，他的伯乐正在来找他的路上。

时间来到 1996 年，当时各国搞芯片正搞得如火如荼，我国也开始快马加鞭地追赶。当时我们派出个考察团，去德州仪器考察，带队的人是中国电子器件工业总公司总工程师俞忠钰。

张汝京既会说中文，又懂技术、懂管理，因此成了接待团的一员。老乡见老乡，俞忠钰看到张汝京后很是开心。

聪明的俞忠钰立马觉察到了张汝京出众的能力，并向他发出邀请。

张汝京有点纠结。在外漂泊多年，他始终心系祖国，于是向父母寻求意见。他的父母也和儿子一条心，建议他回国。张汝京提交了辞职报告，结果……

对于张汝京这样的人才，德州仪器肯定不会放手。张汝京提交了三次辞呈，都没成功。怎么办呢？他提出了提前退休的请求。

不好意思，我要提前退休。

　　德州仪器没招了，只能看着这样的人才离开。离开了德州仪器的张汝京心潮澎湃，终于可以报效祖国了。于是，他带着父母直奔无锡。

　　曾经是同事的张忠谋和张汝京，一个到了台湾地区，另一个则来到了大陆，各自开始施展拳脚，建功立业。

第二节　双雄的建功立业之路

20 世纪 90 年代，双张都回到了中国，开始大显身手。

我们先把时间回拨一点，看看在张汝京回国之前中国大陆芯片的发展情况。

1. 困窘年代的微光

　　一直以来，大家有个错误的认识——我们的芯片事业起步很晚。

　　事实上不是这样，早在新中国成立之初，我们的芯片事业就开始起步，甚至可以说发展得不错：1965 年，我们就有了光刻机。

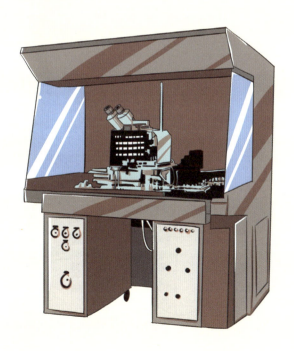

要知道，就算是尼康这样的光刻机巨头，也是在 20 世纪八九十年代才步入光刻机领域的。那么美国在这方面做得怎么样呢？1978 年，美国推出了世界第一台投影式光刻机，精度是 3 微米。

短短两年后，清华大学也推出自己的投影光刻机，精度同样达到 3 微米。

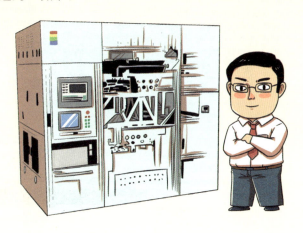

从整体发展程度来讲，当时中国大陆的芯片科技是走在世界前沿的，领先韩国、中国台湾地区 10~15 年。这一切的成就，是无数科研人员在一穷二白的情况下做到的，尤其是其中的领军人物。在这里，我们不能不提一提他们的名字：黄昆、谢希德、王守武、高鼎三、吴锡九。谢希德更是被称为"中国半导体之母"。

黄昆　　谢希德　　王守武　　高鼎三　　吴锡九

我们早期的芯片，主要是为了支持军工业的发展，比如两弹一星等军工大器。

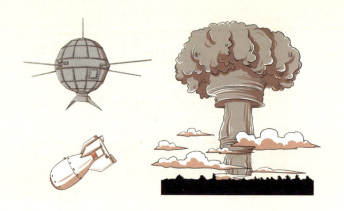

除了用在军用武器上，我们前沿的芯片技术并没有其他用武之地。这是为什么呢？我们都知道，现在芯片主要是用在电子产品上的。但是当时的中国是什么情况呢？

没错，当时绝大部分中国人都还挣扎在温饱线上，哪里有钱买电子产品？

对很多厂家来说，继续研发芯片是得不偿失的事情。另一方面，"两弹一星"不需要迅速迭代。在这两重原因之下，我们的芯片不能批量生产，因此没法通过市场检验进行技术迭代。慢慢地，我们芯片技术的发展步子放慢了。

根据摩尔定律，大概 18~24 个月，芯片技术就会升级一次。

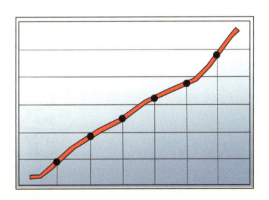

很快，时间来到 20 世纪 80 年代后期，芯片领域风云突变，而我们的芯片技术已经严重落后了。

国家很着急，开始实施 531 战略。

普及 5 微米技术，研发 3 微米技术，攻关 1 微米技术……

为什么要普及 5 微米这个落后的技术呢？因为在西方国家"巴黎统筹委员会"的封锁压制下，中国只能买到二手淘汰设备。

战略一出来，各地开始一窝蜂地搞芯片项目。比如首钢，因为从日本引入技术，投产当年就创下了 9 亿元的销售额。但是芯片技术需要不断投入以更新升级，因此这款芯片很快就成了淘汰品，没人要了。

　　轰轰烈烈的 531 战略以失败告终。既然一哄而上不行，那就重点扶持，于是我们提出了 908 工程的计划。

有关部门决定在无锡华晶建一条 0.8~1.2 微米的芯片生产线，整个工程耗资 20 亿元。但是当时国内外的生产环境都很恶劣，从规划到投产足足花费了 7 年。

7 年前的技术早就落后了，华晶也因此遭受了巨大的损失，就在此时，张汝京出现了。

张汝京不愧是建厂高手，他仅用了半年时间就升级改造了华晶。然而华晶的项目尽管验收通过了，却依然算不上成功。我们在技术上远远落后于其他国家。

不行就再来！1995年，国家再次启动新计划。

909工程

这项计划的关键是引入先进的芯片技术。然而这时候，西方国家却开始对我们进行堵截，33个国家签署了《瓦森纳协定》。

内容是禁止向中国等几个国家出售电子器件、计算机、传感器、新材料等9大类高新技术。

这就意味着技术引进的计划破产了。

就在这时候，事情迎来了转机。当时整个芯片市场都比较低迷，因此我们和日本谈成了技术引进的事。在当时电子工业部部长胡启立的亲自监督下，工厂很快建成并投入生产，试产当年就取得了5.16亿元的利润，这就是华虹集团。

华虹给国家带来了巨大的利益。华虹成立之前，我们的SIM卡芯片全部都要进口，均价是82元，华虹投产后，平均价格降低到8.1元。

让人遗憾的是华虹的好日子没有持续多久。时间来到

1998 年，金融海啸使华虹遭遇重创。再加上日韩企业针对它的"绞杀"，华虹虽勉强生存了下来，却元气大伤，已无法追赶世界芯片技术更新的速度了。

这就是我们在 20 世纪八九十年代经历的"三大战役"，最后都以失败告终。但是没有白费的功夫，在不断的尝试中，我们培育出了芯片发芽的种子，它在默默蓄力，等待一个破土而出的机会。

好了，我们暂时把目光从大陆移到台湾地区看看。

2. 台积电的崛起

话说张忠谋回到台湾地区后没多久，台湾就计划成立一家专门搞半导体制造的公司，张忠谋自然是最好的掌舵人，他还给这家公司起了个名字——台积电。

有意思的是，就在同一年，三星的李健熙正在进军半导体；几个月后，一个叫任正非的男人被骗了200万元，被逼无奈创办了华为。

台积电刚成立时走的路子很野，只做代工。这让很多人懵了，因为当时的芯片生产都是自己一口气包圆儿的。

设计

制造

封测

这种玩法需要几条线同时生产，还要建厂，更要不停地"烧钱"。但张忠谋这一嗓子吆喝出来，意思就是——

哪个傻子愿意浪费钱啊？于是台积电接到了单子，但问题接踵而来。

台湾地区当时的芯片技术已经落后英特尔和德州仪器 2~3 代了，所以没法造一些新的设计。

怎么办呢？没有技术就搞技术！但是技术的背后是什么，是很多很多钱！于是张忠谋去抱芯片大佬英特尔和德州仪器的大腿。结果嘛……

东边不亮西边亮，当时一家叫 ASM 的公司打算和飞利浦联合搞新的光刻机，并注册了一家叫 ASML（阿斯麦）的公司。结果一不小心，钱花没了，光刻机没整出来。咋办呢？正好张忠谋带着钱，找上了门。于是乎——

张忠谋给这家企业注资，成了大股东。更幸运的是，阿斯麦后来抱上美国大腿，将光刻技术直接提到193纳米，甚至击败尼康成了世界光刻机巨头。

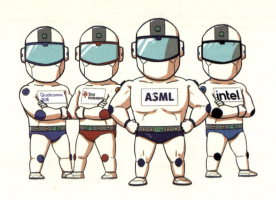

作为股东的张忠谋轻松搞定技术，接下来就差订单了，于是他又把英特尔 CEO 格鲁夫忽悠到台积电考察：

正如格鲁夫所料，台积电问题不少。英特尔团队到了台湾，对台积电横挑鼻子竖挑眼，一口气挑了 200 多个毛病。

张忠谋照单全收，然后疯狂改进。短短几周后，问题减少到了 20 个。

　　就这样，台积电获得了英特尔的流程认证，而且很快拿到了英特尔低级晶圆部件代工的订单。好事接二连三，很快台积电又拿到了高通的芯片订单。有了英特尔和高通探路，大家都把目光转到了台积电。他们发现，芯片从设计到生产的时间还可以再缩短。

　　从此硅谷的订单蜂拥而至，台积电接单接到手软。1997年，张忠谋来到美国纽约证券交易所，敲响了上市的钟声。

  1998 年，历史看了一眼越走越快的张忠谋，扭过头来，开始了对张汝京的试炼。

3. 张汝京和中芯国际

张汝京从美国回来后，先是去改造华晶工厂，搞定之后回到台湾，创建了世大半导体。

为何要在台湾建厂呢？因为按照他的计划，先在台湾试试水，然后带着技术骨干到大陆建厂。但他万万没想到，就当他在大陆和台湾两头跑的时候，麻烦来了。一天深夜，他接到一个电话。

快点回来，台湾这边要搞你了！

台湾当局知道张汝京到了大陆能干成多大的事儿，就用威胁世大的手段逼张汝京回台。张汝京不能不管世大，只好乖乖回到了台湾。

回到台湾，张汝京一心建厂搞技术，很快就展示了什么叫真正的高手。只用了两年时间，世大就达到了台积电 30% 的产能，成了当时世界第三大代工厂。

看到对手闪电般的发展速度，张忠谋很慌，他打算先掌控世大再说。

张汝京不卖，那么其他股东呢？面对 50 亿美元的巨资，难免会有人松口，但是张汝京提出了一个要求。

最后世大被收购。可收购完成后，张忠谋翻脸不认人，也不认账了。

张汝京终于认清了张忠谋的嘴脸，于是立马辞职，放弃巨额的台积电股票，回到了大陆。

张汝京不是一个人回来的，他还带着自己一辈子积攒的人脉，100 多个德州仪器工程师，300 多个台湾世大工程师以及自己 90 多岁的母亲。

就在张汝京回到上海的同一时间，"中国半导体之母"谢希德去世了，这一切仿佛都是上天的安排：失去一个，得到一个，薪火相传永不灭。

回到上海后，张汝京就开始筹备建厂。他把地址定在了上海浦东的张江。地址选好了，那取什么名呢？因为张汝京是怀着一颗中国心回到中国造中国"芯"，因此企业名字就被定为中芯。

张汝京本就是建厂高手，这不难。难的是筹集资金。张汝京跑到美国四处游说，结果出人意料，没多久就筹备到10亿美元的投资。比这更难的是我们的技术被西方掐住了喉咙。怎么办？张汝京继续跑到美国，说服主管芯片技术出口的部门，顺利拿到了较为先进的技术。

就这样，张汝京靠着多年的人脉和一张嘴搞定了所有的问题，所以有人说：

一个张汝京，抵上了一个国家工程。

至此，万事俱备，开始建厂。仅仅 396 天后，中芯国际开始试产，创下了神话般的建厂记录。

真不愧是张汝京！

在张汝京的带领下，中芯国际高歌猛进，3 年时间内建设了 6 座工厂，再次成为世界第三大代工厂。

2003 年，中芯国际突破纳米级制程，掌握了世界上主流的芯片技术。中芯国际仅用 3 年时间就把大陆的芯片水平拉快了 30 年。

然而，就在中芯国际蒸蒸日上时，台湾当局如豺狼一般盯上了它。

于是，一场针对中芯国际的绞杀，即将到来……

第三节　双雄的较量

　　我们前面讲到，在张汝京的带领下，中芯国际仅仅用了3年时间，就建成了世界第三大代工厂。这对张忠谋来说，是种什么感受呢？

集成电路产品当时已经成了台湾经济支柱，如果被大陆做大，那他们还吃什么，喝什么？你说台湾当局和张忠谋能不着急吗？对于这种现象，正人君子的做法是：

我要继续努力超过他！

但是张忠谋的做法是:

于是，台湾当局和张忠谋合谋，展开了一场对中芯国际的绞杀。

1. 第一拨儿绞杀

其实早在中芯国际刚成立的时候，就着张汝京的户籍，台湾的一些机构就开始借题发挥。

到后来借口也不找了，动不动就要罚款，搞得张汝京实在无语。等到2005年，张汝京的台湾户籍被吊销，不仅如此，他还被列入通缉名单。

户籍被吊销了，张汝京还挺开心。挺好，可以放手大干了。眼见这些小手段收效甚微，蛰伏已久的张忠谋出手了。比起台湾当局的某些机构，他更像是一只老谋深算的狐狸，一出手，就是杀招。

什么杀招呢？我们之前说过，张汝京创建的世大被台积电收购，而后来张汝京带到大陆来的很多技术骨干都来自世大。

中芯国际
台积电
世大
技术骨干

很多技术人员不自觉地延续了之前的工作模式和流程。这事儿看起来很正常吧，但张忠谋却把它当成把柄，暗地里买通人搜罗各种证据。

闲人免进

2003 年，台积电突然起诉中芯国际盗取台积电商业机密。

你窃取台积电的商业机密！

起诉书

更狠的是，起诉的时间就选在了中芯国际在香港上市的前三天。

尽管这些理由很牵强，但架不住张忠谋精心布局，他选了对台积电有利的美国加州法院。为了打官司，中芯国际整整耗了两年。

被告　　原告

尽管最后谁输谁赢没人知道，但对中芯国际来说，这样拖下去，对长远的发展并没有好处。于是双方最后选择了庭外和解：中芯国际赔偿台积电 1.75 亿美金，分 6 年偿还。

和解金

但这事儿还没完，当时中芯国际找的律师是个美国人，这哥们儿不太懂技术，他答应了台积电一个条件：托管账户。

什么意思呢？就是在这 6 年里，中芯国际必须把所有技术存在这个账户里，供台积电检查是否存在侵权行为。

对任何一家搞技术的公司而言，这无疑是把自家底裤都给别人看了，还有什么核心技术可言？很明显，托管账户这事儿，是张忠谋为中芯国际挖下的第二个坑。

"请叫我张·老谋深算"

所以很快，台积电对中芯国际再次进行绞杀。

2. 第二拨儿绞杀

2006 年，中芯国际突破了 45 纳米技术，大家都很开心。就在上市融资的前一夜，台积电"阴魂不散"，卷土重来。

同样在上市之前，同样是对台积电有利的加州法院，这一次官司打了三年，中芯国际败诉了，而且代价更惨重：赔偿 2 亿美元和 10% 的中芯股份。

关于这次绞杀，日本媒体一语道破真相："阻止中芯做大才是台积电状告中芯国际的真正原因。"败诉后的张汝京大哭了一场。张忠谋是一个做事手段十分决绝的人，他知道只要张汝京在，中芯国际就不算真正倒下。于是他向张汝京提出一个条件：

你离开中芯国际，我就放过它！

好，我答应。

三天后，张汝京辞职。

张忠谋并没有就此罢手，他继续威胁张汝京答应他的条件：三年内不能从事芯片相关行业。

这就有了开头张汝京离开中芯国际那一幕。

张汝京离开时，把中芯国际交到了好友江上舟手中。

江上舟本来是上海市政府副秘书长，从张汝京挑选建厂地址时就一直大力支持中芯国际，后来他卸任政府职务，直接来到中芯，和张汝京一起为中国芯片事业奋斗。

此时只有江上舟有足够的威望主持中芯，但他没想到，张汝京的离开，导致一些高层人员相继出走。老人去，总要有新人来，其中最重要的有两位，那就是王宁国和杨士宁。

后来，中芯国际陷入了王派和杨派的内部斗争中。

不仅如此，为了渡过赔款难关，中芯国际只能不断引入各种投资。投资越多，就意味着有越多人参与公司事务。人多心不齐，中芯国际陷入一片混乱。

面对这一切，江上舟有心无力，因为此时的他已经患癌多年。尽管如此，他一直在试图挽救中芯国际，在去世前的最后一周，他还在用手机开会，协调王和杨的关系。

2011 年 6 月 27 日，江上舟病逝，王宁国、杨士宁的斗争也正式开始了。

斗争中，王宁国负气出走，董事会也没同意杨士宁出任CEO。

最终这场斗争两败俱伤，中芯国际也被拖得元气大伤。

祸不单行，受 2008 年金融危机影响，整个芯片行业陷入惨淡时期，背上赔款的中芯国际连续好几年都在赔钱，陷入了至暗时刻。

　　然而，有个成语叫否极泰来，有句诗叫"山重水复疑无路，柳暗花明又一村"。黑暗中，只要不放弃，终会迎来光明。

3. 中芯国际的光明时刻

时间对谁都是公平的，77 岁的张忠谋在 2008 年退休了，他的接班人是自己的亲信蔡力行。

蔡力行搞技术是一把好手，但搞管理差点意思。企业营收不好了，就赶紧裁员节流，这导致企业人心浮动，一些老员工直接找张忠谋告状。无奈之下，78 岁的张忠谋再度出山。

2008 年金融危机不仅影响了中芯国际，台积电也跑不了。面对困境，张忠谋细心观察，此时智能手机刚刚起步，但张忠谋坚信未来是智能手机爆发的时代，所以台积电急需掌握高制程，也就是使芯片内部达到更高的电路集成密度的技术。

　　但是这项技术的研发费用极高，张忠谋拿出 59 亿元开始豪赌。对于这场豪赌，张忠谋很有信心，因为他之前成功过。

　　第一次成功是 1997 年的铜制程之战。之前芯片的互联材料都是用铝。然而不管是从电阻率还是从其他方面来讲，铜都是更好的选择，张忠谋知道后迅速行动。

　　当时搞铜制程的还有 IBM 带头的世界级研发大联盟。两年后，张忠谋的台积电胜出，早于 IBM 推出铜制程 0.13 微米芯片，站上技术顶端。

第二次成功是 2002 年的浸润式光刻机。当时全球的芯片技术升级都卡壳了：无法从 0.193 微米跨入 0.157 微米。怎么办？这时候台积电的林本坚提出一个想法：用 0.193 微米的光源，通过水的折射来进行光刻。

想法不错，但是有风险，因为水有气泡，设备污染了怎么办？总之，这个想法需要巨额资金来实验。对此，张忠谋果断支持。

实验最终成功了。如今，全球 90% 的芯片都是用浸润式光刻机生产的。针对 2008 年的这次高制程豪赌，张忠谋发起夜鹰计划。

夜鹰计划，其实也叫"夜猫子计划"，就是要求工程师们 24 小时全年无休进行技术攻关，在短期内实现技术突破。

在这种"反人类"的努力下，台积电在芯片制程技术上一骑绝尘。

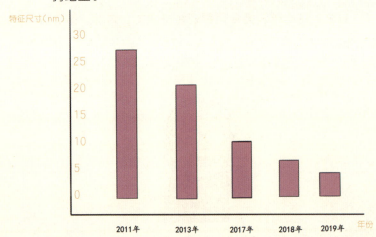

2011 年，台积电芯片特征尺寸突破 28nm

但是，在台积电顺风顺水的同时，梁孟松被逼走了。

梁孟松是台积电有名的技术狂人，是主流芯片晶体管构型 FinFET 发明人胡正明的"亲传大弟子"。他手中有 500 多项专利，发表技术论文超过 350 篇，参与台积电每一代制程工艺研发。

谁逼走的呢？蔡力行。当时本来说要给梁孟松升职的，结果到了头，蔡力行搞了个自己人上位。

这一搞，让梁孟松成了整个公司的笑柄，他果断离职。接下来去哪里呢？梁孟松还没考虑这个问题，就有人找上门来了——韩国三星。

咱们韩国有好吃的泡菜。

还有 100 万美元年薪。

还有专机来接你。

100万

梁孟松之所以去三星，很大部分原因是他老婆是韩国人，属于娶妻随妻了。

到了三星后，梁孟松很快展现了什么叫天才。在他的带领下，三星技术飞速发展，比台积电更快攻克 14 纳米工艺难关，这让三星抢到了苹果 A9 全球首发订单，大赚了一笔。

这让张忠谋气愤不已，按照他的做事风格，干不过对方就干死对方，于是他起诉了梁孟松。

梁孟松败诉，只好离开三星。这时中芯国际向他伸来了橄榄枝。

梁孟松来到中芯国际，短短三年就展示了他天才般的技术，完成了从 28 纳米到 7 纳米的技术研发，14 纳米的良品率从 3% 上升到了 95%。

此外，搞技术的梁孟松竟然说服 ASML（阿斯麦）为中芯国际提供先进的 DUV 光刻机。

有了这台光刻机，梁孟松就能继续研发 5 纳米工艺。

除了留住了梁孟松这样的天才，2020 年，中芯国际也从国家那里获得了 160 亿元的资金支持，在人力财力的双重功效之下，中芯国际告别至暗时刻，开始重整旗鼓。

2021 年，纯利润 17 亿美元，中芯国际已经成为国产芯片行业的中坚力量。

走到这里，中芯国际的故事还没结束。

中国芯片史的故事，也还没结束。

4. 被卡喉的自救

2019 年 5 月 15 日是一个值得被记住的日子——特朗普签署命令。

安全协议

禁止美国购买、安装、使用外国对手的电信设备！

很明显，这是针对华为。不仅如此，美国又严格限制华为使用美国的技术、软件设计和制造半导体芯片，包括台积电、高通、三星及 SK 海力士、美光等企业将不再供应芯片给华为。

面对外部的再一次卡喉，无数中国人幡然醒悟：

首先，政府加大了对半导体产业的扶持。芯片行业成了风口，民间也行动起来，掀起了创业潮。

在发展中，国家发现了问题，并及时调整相关政策。很快，中国芯片产业链开始飞速生长，每一条产业链上，都出现了非常不错的企业。简单举几个例子：

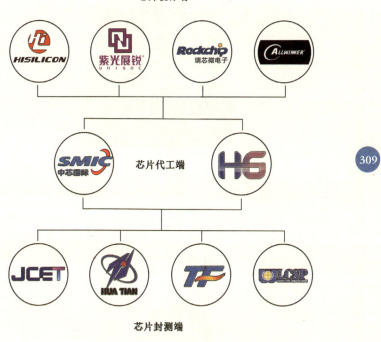

这里我们特别需要注意一家造硅片的企业，上海硅产业旗下的上海新昇。它有什么特别的呢？

没错，新昇的创始人就是张汝京。张老离开中芯后并没有气馁，而是重整旗鼓，开始搞大硅片。大硅片是我国的弱项，搞了很多年都没搞定，新昇公司仅用了 2 年时间，就完成了国家 300 毫米大硅片的任务。

任务完成后，张汝京马不停蹄地奔向了另一个赛道：CommuneIDM（客户端安装数据管理器）。

这是一种可以让多种企业实现资源共享、减少投资风险的模式。在此赛道上，张汝京给公司取名叫"芯恩"。

在这里与他一起奋斗的，有近百人是张汝京之前的老部下，其中 10 位是中芯国际的前副总裁。

很多人的薪酬大幅度缩水，但这不重要，这就是张汝京的人格魅力。他的故事还会继续，中国芯片技术发展的故事也正在进行。

回看这段历史，张汝京和张忠谋，他们共同开启了中国芯片的黄金时代，但因为不同的观念，二人最终分道扬镳，反目成仇。

实事求是地说，在这个以成败论英雄的时代，张忠谋赢了，他更像一个统帅，以一己之力，打造出世界第一的台积电，哪怕退休以后，还能一言定乾坤。

张汝京虽然看似失败了，但他是一个播种者，把芯片产业的种子播撒到中国的肥沃土壤之上。

无疑，这是一种更为强大的力量，它代表着生生不息，将在未来枝繁叶茂。

无数人都相信，中国芯片产业站上世界之巅只是时间问题。这条路并不平坦，可总有人怀着家国情怀，在这条路上披荆斩棘，哪怕已经满头白发。他们叫俞忠钰、张汝京、江上舟、梁孟松……

　　他们的名字合在一起，叫作未来。

　　谨以此文，献给中国造芯路上那群追梦人。